POR UMA VIDA
EQUILIBRADA

DEBORAH TOM

POR UMA VIDA
EQUILIBRADA

Um guia para a realização no trabalho e na vida.

Tradução:
Cecilia Bonamine
Dóris Fleury

Editora
Rosely M. Boschini

Coordenação editorial
Elvira Gago

Preparação
Maria Alayde Carvalho

Produção
Marcelo Almeida

Capa
SyncroMkt

Projeto gráfico e diagramação
Work Design

Impressão e acabamento
CompanyGraf

Copyright © 2004 by Deborah Tom
Título original: *Find the balance: essential steps to fulfilment in your work and life*
Publicado sob licença da BBC Worldwide Limited
Todos os direitos desta edição
são reservados à Editora Gente.
Rua Pedro Soares de Almeida, 114
São Paulo, SP CEP 05029-030
Tel: (11) 3670-2500
Site: http://www.editoragente.com.br
E-mail: gente@editoragente.com.br

Dados Internacionais de Catalogação na Publicação (CIP)
(Câmara Brasileira do Livro, SP, Brasil)

Tom, Deborah
  Por uma vida equilibrada : Um guia para a realização no trabaho e na vida. / Deborah Tom; tradução Cecilia Bonamine, Dóris Fleury. — São Paulo : Editora Gente, 2005.

Título original: Find the balance.
Bibliografia.
ISBN 85-7312-452-0

1. Auto-percepção 2. Conduta de vida 3. Equilíbrio (Psicologia) 4. Estresse (Psicologia) 5. Realização pessoal 6. Sucesso 7. Vida - Habilidades básicas I. Título II. Título: Um guia prático para não deixar que o trabalho tome conta de sua vida.

05-2458   CDD-158.1

Índice para catálogo sistemático:

1. Equilíbrio pessoal : Vida pessoal e vida profissional : Psicologia aplicada   158.1

Para Eliot Tom:

que toda a sua vida seja como estes primeiros anos: gloriosa, feliz e protegida. Você é uma fonte de alegria para mamãe e papai. Você merece realização e equilíbrio, meu amor.

Sumário

Introdução ◆ *9*

Capítulo 1
O que é equilíbrio entre vida e trabalho ◆ *17*

Capítulo 2
Avaliações: uma nova perspectiva ◆ *27*

Capítulo 3
Desenvolva a autopercepção ◆ *53*

Capítulo 4
Concentre-se nas prioridades ◆ *83*

Capítulo 5
Habilidades e estratégias de vida ◆ *97*

Capítulo 6
Crie visão e direção ◆ *123*

Capítulo 7
Cultive a saúde e o bem-estar ◆ *139*

Capítulo 8
Estratégias de controle do estresse ◆ *153*

Capítulo 9
Avance rumo a seus objetivos ◆ *173*

Capítulo 10
Equilíbrio, realização e mudança ◆ *189*

Capítulo 11
Motivação e tomada de decisões ◆ *213*

Capítulo 12
Encontre a realização ◆ *225*

Agradecimentos ◆ *233*

Informações adicionais ◆ *235*

Leitura complementar ◆ *237*

Introdução

Você tem muito a ganhar ao encontrar o equilíbrio...

Olá. Imagino que, se você pegou um livro com esse título, deve estar interessado em achar um equilíbrio melhor para sua vida. Talvez seu tempo esteja tão ocupado pelas exigências dos outros que você não tenha nenhum para si mesmo. Talvez a agenda esteja tão cheia que você não possa dispor de tempo para aproveitar a companhia de um bom amigo ou de sua família. Talvez o trabalho e os compromissos com a família o sobrecarreguem tanto que você não possa se "dar ao luxo" de reservar tempo para outros interesses, como *hobbies*. Talvez você saiba, lá no fundo, que o trabalho se tornou onipresente e até define quem você é – o que não é prudente nem saudável. Talvez você esteja numa encruzilhada, ansioso para melhorar as coisas, e precise apenas descobrir como isso é possível. Seja qual for seu caso, este livro vai orientá-lo, mostrando-lhe alguns passos essenciais para seu equilíbrio.

Em meu trabalho como psicóloga certificada*, descobri que todos nós desejamos nos realizar e queremos sentir que nossa vida tem significado e contribui para o bem geral. Com a melhor das intenções, concentramos energias e esforços em nosso trabalho; entretanto, se levamos isso a um ponto no qual nosso equilíbrio com outras necessidades fica comprometido, o tiro sai pela culatra. A falsa idéia de considerar riqueza pessoal, posses materiais e *status* indicadores de sucesso que levam à felicidade tem enganado e seduzido muita gente. Diversas pesquisas, recentemente, confirmaram o que muitos de nós estamos agora descobrindo. O sistema de valores que concentra o foco exclusivo na aquisição de dinheiro e *status* é inadequado: simplesmente não leva à felicidade nem ao sentimento de

---

* Em inglês britânico, *chartered psychologist*, ou seja, um psicólogo que detém permissão escrita da rainha para praticar sua profissão. [N. T.]

realização. A menos que os indivíduos estejam vivendo de fato na pobreza, o dinheiro só melhora superficialmente seu bem-estar. A realização não tem nada a ver com o que conseguimos, e sim com o que experimentamos e com o que damos de nós. Ela está relacionada ao estabelecimento de conexões. Se não estamos no lugar certo, com as pessoas certas, dando o melhor que temos para oferecer, nos sentimos sozinhos, isolados e retraídos. É por isso que equilíbrio entre trabalho e vida, no sentido mais filosófico, é importante. Precisamos descobrir o que é importante para nós, onde, como e com quem queremos nos conectar e como organizar nossa vida nesse sentido.

É preciso coragem moral para criar equilíbrio entre vida e trabalho, mas nós temos o direito de levar uma vida realizada e de ser respeitados por isso. O equilíbrio que atingimos varia em diferentes estágios de nossa vida. Haverá momentos em que a balança penderá numa direção ou noutra para garantir o equilíbrio mais tarde. O mais importante é que estejamos conscientes disso neste momento e que façamos uma escolha baseada em nossos valores e prioridades, negociando com os valores e as prioridades das outras pessoas de nossa vida.

Ao refletir sobre equilíbrio entre vida e trabalho, esteja certo de que você não está sozinho. Essa é uma preocupação crescente, compartilhada por muitos. Pessoas de todas as áreas estão se sentindo pressionadas: há muito trabalho a fazer, muitas decisões a tomar e muito pouco tempo. Existe a sutil porém perniciosa necessidade de estar sempre acessível através de celulares e *e-mails*. Existe a pressão de manter a família e a casa com o trabalho do pai e da mãe e o oneroso fardo de criar um filho sozinho. Existe a pressão de ter um parceiro que cuida da casa enquanto o outro trabalha em ritmo insano. Esse é um problema sério porque longas jornadas de trabalho podem produzir sentimentos de irritabilidade, ansiedade e depressão e ter impacto negativo em nossos relacionamentos – nossas conexões com os outros.

Nos Estados Unidos, no Japão, nos Países Baixos e na Escandinávia, pesquisas têm mostrado a ligação entre longas jornadas de trabalho e doenças cardíacas. Um estudo realizado em toda a Europa pela Fundação Européia pela Melhora de Condições de Vida e Trabalho descobriu que a "intensificação" do trabalho aumentou muito na última década. Estamos, mais do que nunca, trabalhando mais rápido e sob prazos mais apertados e ao mesmo tempo lidando com exigências cada vez maiores em casa.

■ Responsabilidade com você mesmo e com os outros

Um relatório recente da Fundação para a Saúde Mental descobriu que longas jornadas de trabalho têm, sem dúvida, impacto negativo na vida pessoal e no bem-estar psicológico. A pesquisa nacional sobre equilíbrio entre vida e trabalho conduzida pela instituição descobriu que, diante de jornadas mais longas, gastamos ainda mais nosso tempo "livre" pensando ou nos preocupando com o trabalho. Nesse estudo, metade dos participantes relatou que as longas jornadas eram responsáveis por sua irritabilidade. Um quarto dos participantes descreveu sentimentos de ansiedade e um terço sofria de depressão, sempre devido à mesma causa. Esses e muitos outros fatos e estatísticas sugerem fortemente que precisamos assumir a responsabilidade de arranjar tempo: para nós mesmos, para nossos amigos e nossa família, para descanso e relaxamento e para dar atenção à saúde e ao bem-estar.

Passamos a maior parte de nossa vida no trabalho. Como os empregadores e o governo só estão acordando agora para o valor dos horários flexíveis na diminuição da rotatividade dos funcionários e na prevenção de doenças, é preciso achar um equilíbrio que funcione para você. Existe um consenso generalizado, tanto na direção de grandes empresas quanto em agências de pesquisa e órgãos do governo, sobre a necessidade de mais licenças pagas para os pais, mais vagas de meio período ou novas modalidades de trabalho e sobre a necessidade de acabar com a cultura das longas jornadas. Cada vez mais, por exemplo, os homens são encorajados a assumir um papel ativo na criação dos filhos e protegidos de discriminação ao solicitar horários flexíveis – embora, na prática, o direito à solicitação não seja garantia de concordância da empresa. Existem provas de que boas práticas trabalhistas afetam positivamente o resultado geral: elas podem acarretar benefícios financeiros reais para a empresa. Quando boas práticas relacionadas ao equilíbrio entre vida e trabalho são implementadas – como a ajuda no cuidado dos dependentes, horários flexíveis e mais controle de cada funcionário sobre seu ambiente de trabalho – a produtividade aumenta, a rotatividade cai e a criatividade dos empregados cresce, enquanto a assiduidade aumenta. As razões para implementar essas práticas são, portanto, tanto morais quanto econômicas.

Se você precisa de mais tempo para dedicar a parentes idosos ou crianças pequenas, se precisa de tempo para seu crescimento pessoal ou para pensar, descansar ou simplesmente aproveitar a vida – também precisa de habilidades para conseguir esse tempo. Você deve criar um plano que leve em conta suas necessidades e seus valores e os dos outros dentro do limite das possibilidades práticas. Depois, precisa dar um jeito de pôr em ação esse plano. Este livro o ajudará a fazer isso.

◼ O que este livro pode fazer

O livro foi planejado para ser uma ferramenta acessível e fácil de usar: com ele, você lançará um novo olhar sobre aquilo que é importante. Ele trará mais equilíbrio a sua vida e a seu trabalho. Para levar uma vida bem-sucedida, devemos reconhecer honestamente aquilo de que precisamos, o que valorizamos e quem realmente queremos ser. É preciso coragem para encarar nossa verdadeira identidade, particularmente se ela é contrária a idéias e papéis que os outros nos atribuem. É minha intenção tanto apoiá-lo quanto desafiá-lo a dar esse passo.

Você vai descobrir o que equilíbrio entre vida e trabalho significa para você, o que realmente quer e quais são suas necessidades, aspirações, intenções e objetivos. Você analisará suas forças e fraquezas, oportunidades e ameaças. Tudo isso faz parte da formulação de seu plano, seja ele qual for. Você aprenderá a implementar os requisitos práticos e a sustentar e desenvolver sua visão. Receberá orientação e estratégias para dar o primeiro passo, ajuda e encorajamento para assumir seus compromissos, além de sugestões construtivas para compartilhar sua visão com outras pessoas importantes em sua vida. Assim, esse não será um sonho isolado, e sim um plano prático que terá o apoio necessário para dar certo.

Os exercícios deste livro foram planejados para ajudá-lo a reexaminar os aspectos de sua vida que podem estar desequilibrados e encorajá-lo a achar formas de enfrentar o desequilíbrio e iniciar a mudança. Isso o levará a desenvolver o tipo de habilidade de que você precisa para se comunicar construtivamente em situações nas quais necessita de um desfecho positivo. Devo também encorajá-lo a usar o tempo necessário para essa transição. No final do livro, estudos de caso lhe mostrarão como é possível fazer mudanças, desenvolver flexibilidade e se ajustar de forma que suas necessidades sejam atendidas e você tenha mais controle sobre sua vida. E, finalmente, há uma seção de informações para ajudá-lo com dados úteis.

Ao longo do livro, você talvez se sinta inclinado a pular certos exercícios – se isso acontecer, provavelmente essas são as áreas que realmente precisam de atenção. Por isso, não se apresse, faça os exercícios e se aplique. Esses podem ser exatamente os tópicos que mais o ajudarão a ser bem-sucedido.

Estabelecer o melhor equilíbrio possível entre vida e trabalho será muito vantajoso para você. Isso pode ajudá-lo a desenvolver qualidades como responsabilidade social, interaçao com os outros, generosidade e paz de espírito. A busca do equilíbrio beneficiará não apenas a você mas também a seu ambiente mais próximo – e na verdade à sociedade como um todo.

Pergunte-se
o que realmente está acontecendo agora

Capítulo 1

O que é equilíbrio entre
vida e trabalho

- Descubra por que equilíbrio é importante
- Avalie seu nível de satisfação com o trabalho
- Reflita sobre a mudança
- Desenvolva o dom da consciência

Este primeiro capítulo vai mostrar por que e como reequilibrar sua vida e que rumo dar a suas energias. Criar uma nova forma de viver e trabalhar pode ser um desafio, mas, no processo de descoberta do equilíbrio, você sentirá os benefícios assim que começar.

■ Por que equilíbrio é importante

Muitas pessoas estão acordando agora para o fato de que realização não tem necessariamente relação com posses materiais e *status* social, tais como o carro de luxo, a casa de campo, a próxima promoção, o terceiro filho ou o parceiro mais vistoso – embora, para alguns, essas coisas pareçam essenciais e correspondam às razões pelas quais devotam ao trabalho tanto tempo, energia e esforço. Entretanto, se perguntar às pessoas felizes qual é seu segredo, elas provavelmente dirão que, na vida, o mais importante não é o que você quer nem o que consegue – e sim como pode contribuir. Encontrar equilíbrio entre vida e trabalho, seja o que for que isso signifique para você, abrange o que você dá tanto quanto o que recebe de volta. Se deseja realização, tente dar felicidade. Pergunte a si mesmo "por que estou aqui?" em vez de "o que quero conseguir?", e a resposta pode levá-lo à realização verdadeira e duradoura. Aqui estão alguns dos benefícios de uma vida equilibrada.

- ◆ Uma vida social ampla e interesses variados nos ajudam a ter perspectiva. A perspectiva é uma proteção contra o estresse, ela melhora a resistência e aumenta a probabilidade de tomar decisões corretas.
- ◆ Descanso e recreação equilibrados, aliados ao trabalho produtivo, parecem favorecer a saúde do corpo e da mente. A ausência de um dos dois por longos períodos favorece a ruptura do bem-estar mental e físico.

- A felicidade na meia-idade, ou mais à frente, depende de você ter feito alguma coisa que considera ter valido a pena e de cultivar relacionamentos afetuosos que o apóiem. Você não obterá relacionamentos seguros nem estáveis a menos que invista atenção, tempo e esforço neles.
- Cuidar de seu corpo e de sua mente vale a pena, pois isso o mantém saudável e em forma, com boa aparência – e rende bons dividendos depois dos 50.

Avalie sua satisfação com o trabalho

O ambiente de trabalho é, freqüentemente, o lugar onde passamos a maior parte de nosso tempo; é presumivelmente onde estamos no auge de nossa criatividade e quase sempre temos nossos melhores amigos, encontramos nossos parceiros e nos sentimos valorizados. A própria identidade muitas vezes está intimamente ligada ao trabalho. Muitos adoram seu trabalho, e isso é bom – passamos mais tempo ali do que com nossos filhos, parceiros, amigos, em nossos locais preferidos ou em contato com a natureza.

Se você passa a maior parte de seu tempo em uma só atividade, não consegue ver sentido em seu trabalho ou percebe que ele está monopolizando sua vida, precisa de mais equilíbrio. Há ocasiões em que optamos por comprometer o equilíbrio entre vida e trabalho em favor do trabalho porque temos o desejo ou a ambição de atingir um objetivo em particular. Se o equilíbrio foi rompido por escolha – e nós mesmos continuamos no comando – o entusiasmo pessoal e a energia positiva nos farão continuar. O segredo é assegurar-se de que a balança não fique desequilibrada por muito tempo.

Já se observou que os índices de "satisfação com a vida" elevaram-se ligeiramente desde os anos 1990, mas a "satisfação com o trabalho" não é tão atraente quanto antes. O preço que você paga pelo sucesso no trabalho agora está sendo avaliado em termos de estresse e problemas de saúde que ele pode causar. Quando se examina o conceito mais de perto, o que significa satisfação com o trabalho? Como avaliar o tipo de satisfação que você retira dele? Vale a pena reservar algum tempo para pensar nisso – é provável que já esteja na hora de reexaminar quão satisfatório é seu trabalho e o que significa satisfação. As pesquisas de Peter Warr* sugerem a existência de dez aspectos do ambiente de trabalho que podem criar satisfação. Como avaliar seu trabalho? Deixamos aqui um espaço para você anotar seus pensamentos.

1. Você tem autonomia e controle de seu trabalho?

2. Você acredita ter ampla oportunidade de usar suas maiores habilidades?

3. As exigências do trabalho estão à altura de suas habilidades?

4. Existe nas tarefas que você cumpre variedade suficiente para mantê-lo interessado, e não entediado nem sobrecarregado?

5. Você tem suficiente estabilidade no trabalho para se sentir seguro?

---

* Professor de Psicologia do trabalho da Universidade de Sheffield (Reino Unido) e autor de vários livros de auto-ajuda empresarial. [N. T.]

6. Você tem renda suficiente para livrá-lo da pobreza?

7. Existem precauções adequadas para garantir sua segurança física?

8. Seu patrão o apóia?

9. Você tem oportunidade de fazer os tipos certos de interação social?

10. Seu trabalho lhe oferece uma posição social valorizada?

■ Eu Ltda.

Sua identidade está ligada ao trabalho. O que você obtém dele além do salário? Pense em si mesmo como "Eu Ltda.", com uma estratégia corporativa baseada nos seguintes pontos:

- sua visão;
- sua missão;
- seus valores;
- seus interesses na vida;
- seus pontos positivos;
- seus interesses como acionista.

Isso tudo faz parte do processo de pôr o trabalho em perspectiva: fazer o trabalho trabalhar para você.

Onde está você?

Você pode estar começando a ter uma idéia do que significa equilíbrio entre vida e trabalho. Para alguns, significa mais tempo para passar com a família e os amigos. Para uma pessoa solteira, tempo para encontrar um parceiro de vida e examinar a possibilidade de constituir família. Para outros, a questão é ter oportunidade de buscar novas atividades, interesses ou aspirações – para reativar ou descobrir uma parte deles mesmos que não está definida pelo trabalho nem pelos filhos.

Talvez você se sinta simplesmente cansado do excesso de trabalho e não tenha a energia que gostaria de dirigir para outras áreas de sua vida. Talvez esteja marcando passo, estressado, sob pressão, ansioso e carente de energia. Você acha que algo tem de mudar, mas não sabe exatamente o que nem como. Talvez não goste de seu atual emprego, sinta que está num beco sem saída, como se a vida não pudesse ser apenas isso. Mas então o que ela é? Existem pressões externas? Talvez as outras pessoas lhe digam que você deveria querer algo que não quer ou que devia – ou não – estar satisfeito com a vida que leva. Talvez as outras pessoas queiram de você alguma coisa que não estão conseguindo.

Talvez você tenha conseguido o que queria. É possível atingir a realização pessoal depois de alcançar algo que custou esforços e sacrifícios. Mas você consegue perceber quando já atingiu o que queria, suspender seus esforços e aproveitar o resultado? Percebe o efeito de seus esforços nas pessoas em sua volta? Fez as pessoas de sua vida acompanharem essa jornada ou o equilíbrio delas foi prejudicado por suas ambições? Elas precisarão pagar um preço por seu sucesso no curto ou no longo prazo? Quais foram os benefícios delas (materiais ou não)? Valeu a pena para elas? Valeu a pena para você?

Seja qual for sua situação, se você conta com auxílio para avaliar onde está agora, alguma informação sobre técnicas práticas e habilidades, além de um pouco de ajuda para tomar decisões, continue lendo e lembre-se de que equilíbrio entre vida e trabalho é algo com que milhões de pessoas se ocupam neste exato momento. Mesmo que você tenha apenas um vago senso de insatisfação, um sentimento de que poderia dar e receber mais, não está sozinho.

Encontrar equilíbrio entre vida e trabalho envolve, fundamentalmente, energia suficiente para sentir que você *tem* uma vida, da qual o trabalho é apenas uma parte! Em algum momento, você precisará refletir sobre seu conceito de realização, sucesso e fracasso. O sucesso não é sempre o que parece – algumas vezes, aquilo que tem a aparência de fracasso na verdade é uma oportunidade de renovação.

Encare a mudança

Às vezes existem catalisadores, ou gatilhos, que nos forçam a olhar para nós mesmos e para nossa vida. Outras vezes ocorrem mudanças que não podemos controlar, e precisamos de todos os nossos recursos para fazer ajustes e manter nossa saúde física e mental enquanto passamos por tais modificações.

Você sente que se aproxima de uma encruzilhada em sua vida? Você começou uma nova carreira, perdeu um emprego, teve um filho, encerrou um relacionamento ou mudou de cidade? Todos vivemos períodos de transição pessoal: uma mudança de foco, de atitude, de estilo de vida – uma mudança no equilíbrio da vida. Isso pode implicar decisões como trabalhar em período integral ou meio período, começar ou não um negócio próprio; adaptar-se a uma doença ou a uma demissão, lidar com uma transferência ou constituir uma família. Ninguém além de você pode dizer se o realinhamento que precisa fazer é grande ou pequeno. Ninguém além de você pode dar nome à emoção que ele provoca.

Às vezes, em face de grandes mudanças, pode-se ter a impressão de que uma decisão súbita foi tomada, quando na verdade ela vinha sendo trabalhada durante meses ou até anos. Talvez você tenha pensado, imaginado, preparado, esperado por muito tempo para agir e comunicar sua decisão. A mudança afeta a todos nós de forma diferente. Para alguns, mudar de casa é divertido; para outros, um pesadelo. Para alguns, uma mudança de carreira é excitante; para outros, perturbadora. Tenha cuidado para não prejulgar a forma com que você está gerindo qualquer movimento ou mudança.

■ Tempo para refletir: consciência e perspectiva

Ao encontrar o equilíbrio, você precisa estar consciente de que ele envolve escolhas, prioridades e valores. Exercícios apresentados neste livro o ajudarão a identificar e reavaliar seus valores: você precisará ter alguma disciplina para se aplicar a eles com firmeza. Se, no começo, sentir que o equilíbrio certo para você é difícil de atingir, tenha certeza de que provavelmente já mostrou muito da força e das habilidades necessárias para fazer boas escolhas na vida.

Pesquisas realizadas na área de psicologia positiva* têm mostrado que certas atitudes e práticas funcionam como amortecedores contra o estresse, a ansiedade e a depressão que todos nós

---

* Ramo da Psicologia que busca compreender, através de investigação científica, os processos subjacentes às qualidades e emoções positivas do ser humano em oposição à psicologia tradicional e sua ênfase nos aspectos psicopatológicos. [N. E.]

enfrentamos em algum momento da vida. Essas atitudes e práticas são consciência, coragem, perspectiva de futuro, otimismo, habilidades interpessoais, religião, boa ética de trabalho, esperança, honestidade e perseverança. Elas não são apenas qualidades positivas mas também habilidades práticas que todos podem aprender, e nós as exploraremos com maiores detalhes mais adiante.

Vamos começar esclarecendo que mudanças você quer fazer, por que e como. Para obter clareza com relação ao que realmente está acontecendo em sua vida (e não com relação ao que você pensa estar acontecendo), *percepção* é talvez a habilidade mais importante a ser cultivada. Existe uma forma simples de fazer isso em qualquer momento do dia:

Simplesmente dirija sua atenção ao presente: note como está respirando e onde está a tensão. Dê um nome ao que você sente.

Continue fazendo isso sempre que notar que sua mente se volta para situações passadas ou futuras, acontecimentos ou fantasias.

A tarefa de pôr em perspectiva sua vida e seu trabalho – essência do próximo passo básico que você tomará – começa a parecer bem mais fácil. Respire fundo e pergunte a si mesmo: o que de fato está acontecendo neste exato momento? Agora que você já pensou sobre as questões levantadas neste capítulo, decida quais são os pontos nos quais precisa de mais equilíbrio em sua vida e em seu trabalho. Mas, primeiro, reserve alguns momentos só para relaxar. Isso ajudará a abrir sua mente às diversas possibilidades e pavimentará o caminho para a revisão, o esclarecimento, o planejamento e a preparação que você terá de fazer mais tarde.

Você pode resolver isso –
às vezes, é preciso **apostar
de novo** na vida

Capítulo 2

Avaliações:
uma nova perspectiva

- Decida quais são suas necessidades
- Defina sucesso e realização
- Descubra o que funciona e o que não funciona
- Assuma o controle

Às vezes, ocorrem coisas que nos fazem analisar o que realmente está acontecendo em nossa vida. Pode ser um evento que nos force a parar e refletir sobre o que está desequilibrado ou talvez estejamos, finalmente, diante de sentimentos dos quais nos escondíamos, ou do fato de não termos tanta saúde quanto gostaríamos. Se conseguirmos, nesse momento, ficar um pouco mais livres e reservar algum tempo para perceber como nos sentimos, será mais difícil fugir da verdade, e embora isso possa ser desconfortável sabemos que faz sentido! Você está trabalhando demais, vai à academia todos os dias ou fica de olhos grudados na televisão na tentativa de esquecer ou negar o que não está bem em sua vida?

■ Catalisadores da mudança

Reflita sobre as possibilidades apresentadas a seguir. Como elas afetariam sua vida? Como você lidaria com essas mudanças? Como reagiria emocionalmente a cada uma dessas possibilidades? O que sentiria ao examinar as conseqüências delas sobre você, sua família, sua segurança e sua saúde física e mental?

- Ser demitido;
- receber uma proposta inesperada de emprego;
- apaixonar-se;
- perder um grande contrato;
- descobrir novas possibilidades de treinamento;
- receber uma herança;
- ver os filhos sair de casa;
- divorciar-se;
- mudar de país acompanhando o parceiro;
- adoecer e não poder trabalhar em tempo integral;
- casar-se;

- ser transferido de sua empresa para um local a 800 quilômetros de distância;
- ser promovido.

■ Decida quais são suas necessidades

A conhecida teoria das necessidades e realizações do psicólogo humanista Abraham Maslow descreve as necessidades básicas como comida, abrigo, água, proteção, estabilidade e segurança tanto física quanto psicológica. Depois vem a necessidade de fazer parte de algo, de afiliação e de amor, seguida da auto-estima originada das conquistas alcançadas, do respeito e do reconhecimento. E finalmente há o que ele chamava de "auto-realização" – o estado no qual se atinge o máximo potencial –, embora o próprio Maslow acreditasse que isso não dependia tanto de conquistas materiais quanto de uma experiência íntima de valor e significado. Novas pesquisas feitas em quatro continentes mostraram quais são os quatro requisitos básicos necessários para que nos sintamos realizados:

- auto-estima robusta;
- senso de autonomia;
- segurança e uso de nossa competência;
- conexão com os outros.

Reserve algum tempo para refletir sobre sua definição de sucesso e na maneira como ela pode diferir do tipo de realização esperado de você. Considere sua situação em relação às quatro necessidades psicológicas básicas.

Para todos nós, o dinheiro é fundamentalmente importante para a felicidade e a realização – se você não tem o suficiente para comer, um lugar seguro para viver e os meios para se manter aquecido no inverno, dificilmente sentirá que sua vida é satisfatória. Entretanto, uma vez que nossas necessidades básicas sejam satisfeitas e financeiramente tenhamos aquilo que consideramos necessário para uma vida confortável, não nos sentiremos necessariamente realizados – em vez disso, ansiaremos por mais. Pergunte a si mesmo por que deseja com freqüência um aumento de salário, de faturamento, de lucros. Se você sabe que em última análise isso aumenta apenas superficialmente sua felicidade, persistir nesse tipo de comportamento começa a parecer um hábito velho e ruim.

■ Uma nova perspectiva em sua vida

Se você sente que tem "uma boa vida", provavelmente:

- gosta de sua vida;
- sente que está progredindo em direção a um objetivo que vale a pena;
- goza de saúde razoável;
- tem comida suficiente e um lugar seguro para viver;
- tem amigos que lhe dão apoio emocional e cuja companhia é agradável;
- sente-se intelectualmente estimulado e goza de alguma autonomia no trabalho;
- conta com um parceiro amoroso num relacionamento de longo prazo;
- tem uma vida sexual satisfatória.

Normalmente, só começamos a aprender as habilidades necessárias para levar uma boa vida quando percebemos que algo saiu do controle. Muitas pessoas fazem escolhas baseadas naquilo que podem obter delas, e isso parece certo – momentaneamente. Psicólogos descobriram que as pessoas tomam decisões muito ruins quando se baseiam naquilo que pensam que as fará felizes. Como resultado, há uma tendência a investir demais em coisas materiais porque esquecemos que logo ficaremos acostumados a elas e então obteremos muito pouco prazer ou satisfação.

A forma como vemos a vida é o dado mais importante para determinar se ela está equilibrada ou não. A maioria das pessoas se agarra a coisas – ao trabalho, à casa, ao parceiro – esperando encontrar realização. Em vez disso, percebe que tudo não pára de mudar.

■ A roda do bem-estar

Pense um pouco sobre quanto gosta de sua vida. Você diria que ela é equilibrada? Sente que está avançando em direção a um objetivo que valoriza?

Suas emoções são reconhecidas, divididas com outras pessoas, cuidadas ou você está sempre em compasso de espera, entediado, bloqueado, isolado, carente?

A roda do bem-estar é um instrumento que o ajudará a rever sua vida. Use-a para identificar o que está funcionando para você e o que não está. Ela é dividida em sete seções:

- trabalho e carreira;
- finanças e renda;
- saúde e bem-estar;
- religião, espiritualidade ou filosofia;
- desenvolvimento pessoal;
- vida amorosa;
- amigos, vida social e lazer.

Em cada seção, dê uma nota de 1 a 10. Se você estiver hoje completamente satisfeito com sua vida amorosa, coloque 10 nessa seção. Cinco é a nota para "razoável", e marque 1 se não estiver nem um pouco satisfeito. Se em algumas categorias estiver satisfeito com certos aspectos e insatisfeito com outros, marque 5. Tente identificar as áreas em que estiver satisfeito e aquelas nas quais quiser melhora, desenvolvimento e crescimento. Use a roda para:

- avaliar o equilíbrio atual de sua vida – o que está funcionando e o que não está;
- celebrar as áreas em que você atingiu equilíbrio e realização e a forma como conseguiu isso;
- definir suas necessidades e seus valores como alicerces do estabelecimento de objetivos.

Agora reserve algum tempo para registrar suas notas.

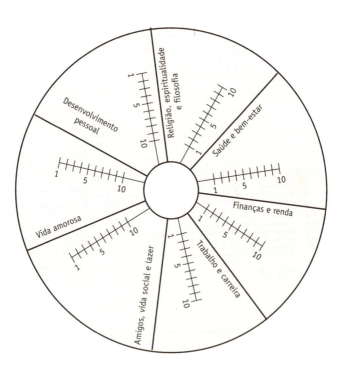

Pondere e reflita. Não se esqueça de que você pode voltar várias vezes à roda para reavaliar seu progresso. Se quiser mudar uma nota, faça isso.

Quando marcar notas entre 1 e 3, pense. Por que essa área está tão insatisfatória? Pergunte a si mesmo o que pode fazer em relação a isso. Se marcou 4 ou 5, pergunte-se por que a nota não é mais alta e o que você poderia melhorar nessa área. Se pôs de 6 a 10, seja específico: o que está funcionando bem, na área, para você?

Olhe para sua roda: ela parece equilibrada ou desequilibrada?
O que você pensa e como se sente sobre o que vê na roda?

Quais são as conseqüências dessa pontuação baixa em sua vida?

Você está exagerando nas notas altas – elas ocultam a falta de equilíbrio? Se for assim, pergunte a si mesmo quanto isso o incomoda.

Em que áreas de sua vida você gostaria de um equilíbrio diferente?

Qual foi o principal motivo dessa situação? Há outras razões?

Como você gostaria que essa situação estivesse?

■ Visualize um equilíbrio melhor

Reserve um momento para inspirar profundamente e relaxe quando expirar. Imagine-se, daqui a um ano, com um equilíbrio melhor em sua vida. Pense em sua aparência, em sua voz, em seus sentimentos. Visualize essa nova vida e seu relacionamento com os outros e, nessa situação, veja-se duas vezes mais satisfeito com o equilíbrio de sua vida. Imagine-se em tamanho natural, andando e conversando. Repare em sua aparência, no que diz e no que sente. Entre nessa sua projeção de si mesmo e enxergue o mundo com os olhos dela, ouça sua voz e perceba a reação dos outros diante desse novo ser – e sinta-se melhor.

Você pode dar nome a esse sentimento?

Você pode explicar com mais clareza esse sentimento?

Essa é sua recompensa por ajustar seu mundo com equilíbrio melhor.

■ Identifique o estresse

Estresse é uma palavra que engloba desde reações emocionais e físicas a fatos que nos acontecem na vida. Todos nós ficamos estressados durante parte do tempo: o estresse abrange tudo, da irritabilidade à raiva e à depressão, da frustração à alegria descontrolada, do aborrecimento à sobrecarga. Às vezes o estresse causa sentimentos complexos, isto é, não "só" raiva nem "só" depressão. Mais adiante exploraremos o controle do estresse em detalhes – por ora, vamos apenas começar a falar dos sintomas que você tem e que podem estar relacionados a ele.

Tente descrever como está se sentindo. Note qualquer dor, incômodo ou tensão e em que partes específicas de seu corpo isso ocorre. Se você tiver mais do que um ou dois dos sintomas de estresse apresentados abaixo, precisa parar e reservar algum tempo para chegar às raízes do que realmente sente. Faça um círculo em volta de qualquer dos sintomas que apresentar, pense no que pode estar levando você a se sentir estressado, identifique as reações e reflita sobre o estímulo que as causou. Descubra o que provoca reações de estresse em você e quais são essas reações em particular.

- Irritabilidade;
- suor;
- taquicardia;
- câimbras;
- ombros ou costas tensas;
- intestino irritável;
- desânimo;
- choro;
- insônia;
- acessos de raiva;
- sexo casual em excesso;
- muito álcool;
- dificuldade de concentração;
- sentimento de isolamento das pessoas que o amam.

Quais são as causas? Em que aspectos você precisa de ajuda? A quem pode pedi-la?

■ Ansiedade no trabalho e a síndrome de *burnout**

No trabalho, freqüentemente somos induzidos a transformar problemas em "desafios" e oportunidades – a pensar positivamente e a atingir o máximo de performance a qualquer custo.

---

* Em inglês, a palavra *burnout* (combustão, ao pé da letra) designa os casos mais graves de estresse. [N. T.]

Com o tempo, trabalhar sob pressão intensa pode torná-lo irritável e sobrecarregado, e o resultado são dores de cabeça, enxaquecas, problemas de coluna e outras doenças ligadas ao estresse. Muitos funcionários não questionam decisões, pressões nem o estresse que têm de enfrentar. Têm medo de reclamar e pôr em risco sua posição e suas perspectivas. Muitas vezes as pessoas sabem que as longas jornadas estão danificando sua saúde e seus relacionamentos, mas sabem também que não podem arriscar-se a fazer jornadas mais curtas e atrasar o trabalho. Só recentemente o excesso de trabalho começou a ser reconhecido como um problema sério, que reduz a produtividade e pode resultar na perda de funcionários talentosos.

Algumas empresas estão agora introduzindo em sua rotina sessões de treinamento de cuidados com a saúde com o objetivo de encorajar seus funcionários a adotar um estilo de vida mais saudável, que os capacite a uma performance melhor. Em algum momento, entretanto, *você* tem que encontrar o equilíbrio entre seus valores pessoais e aquilo que esperam de você em sua carreira. O estímulo para trabalhar e ganhar mais, para tornar-se uma pessoa bem-sucedida e encontrar o sucesso na profissão pode ser seu combustível. Mas, para muitas pessoas, as conseqüências disso podem já ter se manifestado sem que estejam conscientes. A síndrome de *burnout* é um problema real e suas conseqüências podem ser sérias. Tudo começa quando você assume responsabilidades demais. Talvez esteja entusiasmado com seu trabalho, talvez tenha trabalhado demais por um longo período ou as circunstâncias sejam tais que sempre há um monte de coisas a fazer. É então que você deve optar e ser realista em relação às conseqüências. Estes são alguns dos sintomas da aproximação da síndrome de *burnout*:

- você acorda tão cansado quanto na hora em que foi para a cama;
- você tem a vaga sensação de que prefere evitar os outros;
- você usa estimulantes para se manter acordado;
- você perdeu a inspiração ou ela não vem mais quando precisa dela;
- você se sente deprimido mesmo quando as coisas vão bem;
- você termina o dia esgotado, sem nada para dar.

Quase sempre a conseqüência natural disso tudo é que você chega ao ponto de não ligar para mais nada, se sente desmoralizado, o trabalho perde o sentido e você fica alienado de todos os outros aspectos de sua vida. E aquele objetivo no qual concentrou toda a sua atenção agora parece reduzido a zero. Será que o preço do sucesso foi muito alto? Isso é o que acontece quando suas prioridades e seus valores não estão equilibrados. Talvez as exigências de seu emprego não sejam realistas – talvez você precise encontrar coragem para dizer a seu superior que sua carga de trabalho não pode ser cumprida sem sacrifício excessivo de sua parte.

Quando você investiu numa só área e se doou demais, é preciso coragem para admitir que sua vida fugiu ao controle. Às vezes esse sentimento pode surgir depois de uma grande decepção – seu cônjuge o abandonou ou você perdeu o emprego. É importante lembrar que você vale mais do que qualquer fracasso que tenha enfrentado e muito mais do que qualquer papel ou título. Seu ego, mesmo combalido, sua alma, mesmo desorientada, e seus dons e suas virtudes, mesmo que não tenham sido apreciados no passado, ainda estão aí e podem ser muito bem utilizados novamente.

É importante cuidar de si mesmo para ter os recursos necessários para cuidar dos outros. Mulheres que trabalham e cuidam da família dificilmente têm o tempo necessário para si mesmas. Os autônomos parecem ter uma boa chance de nivelar o equilíbrio entre vida e trabalho. Um entre cinco deles está muito satisfeito com seu equilíbrio – uma proporção notavelmente maior do que a de qualquer outra categoria. Muito mais, talvez, que qualquer outro grupo, eles decidem sobre seu período de trabalho e têm razoável grau de autonomia e controle sobre as horas, o local e a maneira como trabalham. Quanto tempo você reserva para si mesmo? Quanto tempo gasta na infinidade de tarefas que precisam ser cumpridas para satisfazer as necessidades e exigências alheias? Qual é o custo de cuidar de todos, menos de si mesmo?

Você pode resolver isso. Você sabe enfrentar as situações. Você se adaptou bem no passado. Para começar, lembre-se de algo que enfrentou em sua vida e registre tudo agora mesmo, logo abaixo:

....
....
....
....
....

■ O que está equilibrado? E o que não está?

Agora que você arregaçou as mangas e começou o trabalho de encontrar o equilíbrio, este questionário o ajudará a fazer uma avaliação preliminar do que está desequilibrado e dos aspectos em que você precisa concentrar suas energias para produzir os movimentos ou as mudanças necessários. Marque pontos para indicar onde você está em cada bateria de questões.

DESENVOLVIMENTO PESSOAL

Sinto que não estou utilizando suficientemente minha inteligência	-3 -2 -1 0 1 2 3	Tenho de usar muita criatividade em meu trabalho
Faz muito tempo que não aprendo uma nova habilidade	-3 -2 -1 0 1 2 3	Uso minhas habilidades todo dia no trabalho
Não estou muito seguro do que quero, eu me sinto num beco sem saída	-3 -2 -1 0 1 2 3	Estou interessado em me desenvolver e leio muitos livros que me inspiram
Eu me sinto estagnado	-3 -2 -1 0 1 2 3	Meus conhecimentos estão sempre aumentando

SAÚDE

Às vezes me sinto fora de forma e pouco saudável	-3 -2 -1 0 1 2 3	Eu estou em forma, tenho vitalidade e boa saúde
Não tenho tempo para fazer esporte nem exercícios	-3 -2 -1 0 1 2 3	Gosto de andar, nadar e praticar esportes nos feriados
Acho difícil comer de forma saudável todo dia	-3 -2 -1 0 1 2 3	Procuro comer frutas frescas e verduras diariamente
Quase sempre me sinto estressado e ansioso	-3 -2 -1 0 1 2 3	Consigo relaxar com facilidade e aliviar o estresse

VIDA SOCIAL, AMIGOS E LAZER

Raramente vejo meus amigos	-3 -2 -1 0 1 2 3	Tenho contato regular e me divirto com meus amigos
Não tenho nenhum amigo realmente próximo em quem possa confiar	-3 -2 -1 0 1 2 3	Tenho um par de amigos realmente próximos em quem posso confiar
Não consigo me encaixar em nenhum grupo social	-3 -2 -1 0 1 2 3	Eu me entroso bem com as pessoas e tenho amplo círculo social
Não tenho muito tempo para o lazer	-3 -2 -1 0 1 2 3	Garanto sempre meu descanso, lazer e diversão

VIDA AMOROSA

Não espresso meus sentimentos	-3 -2 -1 0 1 2 3	Eu me sinto livre para expressar meus sentimentos
Gostaria de ter alguém especial para amar e ser amado	-3 -2 -1 0 1 2 3	Desfruto o amor de alguém especial para mim
As pessoas próximas a mim não gostam de meu parceiro	-3 -2 -1 0 1 2 3	As pessoas próximas gostam de meu parceiro
Minha vida sexual é monótona e pouco excitante	-3 -2 -1 0 1 2 3	Desfruto uma vida sexual gratificante e satisfatória

Meu relacionamento mais importante não é seguro nem gratificante   -3 -2 -1 0 1 2 3   Meu relacionamento mais importante é bom, saudável e profundo

FINANÇAS E RENDA

Eu tenho dívidas   -3 -2 -1 0 1 2 3   Minha conta bancária está saudável

Não tenho economias nem uma boa aposentadoria   -3 -2 -1 0 1 2 3   Tenho economias e um bom plano de aposentadoria

Preciso ganhar o triplo de meu rendimento atual   -3 -2 -1 0 1 2 3   Estou contente com o que ganho

Não tenho nenhuma reserva caso perca o emprego   -3 -2 -1 0 1 2 3   Tenho reserva suficiente para enfrentar qualquer revés da vida

A falta de dinheiro me preocupa e me deprime   -3 -2 -1 0 1 2 3   Minha situação financeira é sólida e segura

RELIGIÃO, ESPIRITUALIDADE E FILOSOFIA

Não tenho nenhuma fé, religião nem prática espiritual   -3 -2 -1 0 1 2 3   Sou religioso e tenho uma filosofia espiritual

Minha fé às vezes me abandona   -3 -2 -1 0 1 2 3   Minha fé é firme e me conforta

Existem conflitos entre minha religião e a das pessoas em volta   -3 -2 -1 0 1 2 3   Pertenço a um grupo em que minha fé é compartilhada

| Não sinto ligação com meu eu superior nem com minha alma | -3 -2 -1 0 1 2 3 | Sinto-me ligado a meu eu superior, minha alma e aos outros |

■ E agora?

Se lhe pedissem para descrever seu estado de espírito neste momento, você diria:

- relaxado;
- indeciso;
- feliz;
- cínico;
- cansado;
- emocionado;
- agitado;
- magoado;
- alegre;
- interessado;
- curioso.

Seja o mais específico possível. Analise o que se passa em sua mente e leve em conta qualquer sensação física que possa ajudá-lo a descrever seu estado de espírito – olhos doloridos, náusea, suor, dor de cabeça, resfriado, dor na nuca. Você está franzindo a testa, roendo as unhas ou se sente bem? Se precisar, movimente-se, mude de posição, levante-se e abra uma janela, alongue-se, saia para uma caminhada ou tome um copo d'água. Tente usar com flexibilidade o tempo gasto para ler e trabalhar com este livro. Se você sente tensão ou dor em alguma região do corpo, reconheça que isso faz parte de sua busca de equilíbrio. Aconteça o que acontecer, tente manter a mente aberta.

■ Seria bom conquistar mais equilíbrio?

Seja tão criativo quanto possível ao responder as questões seguintes.

- O que você pensa ser preciso conquistar ou mudar para encontrar mais equilíbrio?
- O que esse equilíbrio lhe proporcionaria?
- Quais seriam as desvantagens disso em sua opinião?
- Isso faz você desejar continuar em busca do equilíbrio ou esquecer o assunto?
- Você se sente ansioso só em pensar em fazer algumas mudanças?

■ Como você pode ser mais criativo?

A produtividade normalmente está relacionada com resultados originados no trabalho e tem a ver também com criatividade. Com um pouco de pensamento criativo, você pode descobrir que, de repente, gostaria de dedicar mais energia a áreas em que é necessário algum equilíbrio. O pensamento criativo é uma habilidade que todo mundo pode usar, basta olhar as coisas de forma diferente. Aquilo que você enxerga da janela dos fundos de sua casa talvez pareça bem diferente do que vê pela janela da frente! Podemos desenvolver uma idéia de sucesso diferente da definição comum, de riqueza e *status*. Podemos adotar uma abordagem mais investigativa do que procuramos, de nosso foco e do uso de nosso tempo. Trabalhar em horário flexível, trabalhar em meio período ou por conta própria: todas essas opções têm implicações diferentes, dependendo de nossa situação pessoal. Mas o que parece impossível numa semana pode ser mais provável depois que você discutir alternativas com aqueles que lhe são próximos: família, amigos, colegas de trabalho, contatos, vizinhos.

As pessoas mais produtivas tendem a ser aquelas que têm uma visão proativa da vida, que criam oportunidades de se entrosar em seu ambiente e sentem prazer nas experiências cotidianas. Não resta dúvida de que alguns trabalhos são duros, repetitivos e mal pagos. Entretanto, seja qual for o trabalho que você esteja fazendo – praticar jardinagem, escrever, limpar banheiros, falar em uma conferência, levar um paciente na maca à sala de cirurgia, negociar um acordo de negócios, apresentar um programa de TV ou prestar serviço voluntário em uma creche –, existem sempre formas de se conectar ao trabalho em termos de seu valor intrínseco, introduzindo alguma criatividade naquilo que você faz e acalmando a mente. Muitas pessoas falam em "fluxo": a experiência de estar inteiramente mergulhado no que se faz.

Algumas pessoas sabem criar esse fluxo onde quer que estejam, seja qual for seu papel. Estas são algumas frases que expressam qualidades do estado de fluxo:

- Participação em interações com outras pessoas.
- Desafio que exercita as habilidades.
- Foco mental.
- Criatividade com sentido lúdico.
- Complexidade.
- O trabalho se torna divertido, prazeroso, motivador.
- Valores e senso de integridade: fazer um trabalho que se alinha com seus valores.

■ Está sem tempo? Faça menos!

Muitas pessoas vivem com uma ansiedade que as corrói porque têm muito trabalho incompleto a fazer. O executivo médio

– mostram as pesquisas – tem 300 horas de trabalho incompleto esperando por ele. Entulhamos nossa cabeça com aquilo que precisamos fazer, deveríamos fazer, poderíamos fazer e também provocamos estresse desnecessário por causa disso. Realmente não há tempo suficiente para fazer tudo, mas, se não fizermos alguma coisa, começaremos a duvidar de nós mesmos, a nos desvalorizar, a nos sentir frustrados conosco mesmos ou ressentidos com os outros. Se você está nessa condição, precisa livrar-se do entulho, simplificar sua vida. Algo tão simples como arrumar sua mesa ou seu local de trabalho também ajuda a criar aquele espaço tão necessário em sua cabeça.

Recentemente, alguém me lembrou de que, quando morrermos, ainda deixaremos para trás uma caixa de "entradas" em nossa escrivaninha. Contas a pagar ainda chegarão meses depois de termos falecido. Nunca poderemos completar todo o nosso trabalho. Assim, talvez o melhor seja não deixar que isso nos incomode tanto.

■ Ouça sua intuição e confie nela

Se você perceber que não está vivendo a vida que deseja, não se castigue por isso. Não há problema em se sentir assim: uma vez que percebemos estar num lugar (literal ou metafórico) onde não queremos permanecer, uma força interior nos obrigará a fazer algo para resolver isso. Muito da força e das decisões que precisará tomar virão naturalmente de você, de suas qualidades inatas de caráter. Basta estar disposto a parar, acalmar sua mente, ficar em silêncio e ouvir.

Talvez você seja aquela pessoa que encontra inúmeras oportunidades de fazer trabalhos diferentes, ganhar muito dinheiro, vencer – e ficar preso nisso tudo. Entretanto, você pode descobrir que aquilo que antes o entusiasmava agora o consome e controla sua vida. O que antes era emocionante virou um hábito vicioso de "estar ocupado". Por mais difícil que seja admitir isso, muitas pessoas que aparentemente estão "bem" na verdade perderam o controle da própria vida muito mais do que julgam. Tente responder de forma espontânea às seguintes perguntas:

- O que realmente tem valor para mim? O que é importante?
- Com o que eu realmente me preocupo?
- Em que estou mais interessado?
- O que realmente aprecio?
- Quantas das coisas que aprecio estão presentes em minha vida?
- O que posso fazer em relação a isso neste momento?
- Em prazo mais longo, o que posso fazer para mudar as coisas?

■ Você pode controlar o ritmo de sua vida

Você deve controlar o ritmo de sua vida – na verdade, você precisa, caso contrário alguém o fará em seu lugar. Existem muitas formas de orquestrar uma vida bem-sucedida de acordo com seus valores e certas circunstâncias particulares. Se você é autônomo e trabalha em casa, talvez precise assegurar-se de que não se torne isolado. Se você é o tipo de pessoa que trabalha melhor em períodos prolongados de concentração focada, também precisa se permitir períodos prolongados de recuperação e socialização para ganhar equilíbrio. Em última análise, seu estado de saúde, sua consciência e seus relacionamentos são o que conta quando você avalia sua vida.

Se quer aprender a controlar o ritmo de sua vida, saiba quando e como é preciso dizer não – de forma construtiva. Se perceber que trabalha demais e está estressado, pergunte-se o que é importante para você. Em algum momento, você terá o direito de impor sua necessidade de espaço para ganhar equilíbrio. É de importância vital ter coragem suficiente para não assumir mais do que é administrável – mais do que *você* pode administrar. O mais provável é que sua carreira não pare por causa disso – você não será esquecido nem ignorado. Você se destacará como alguém que tem caráter, alguém que ousou sair da multidão para fazer a coisa certa, alguém que já identificou as prioridades de sua vida e agendou-as com firmeza. Só você sabe o que sente. Se estiver com pouca energia, não conseguirá dar o melhor de si. A coragem de dizer não pode ser um ótimo exemplo para os outros.

Construa suas redes de apoio – elas podem ajudar

Muitos enfrentam agora o desafio de mudar-se para longe dos pais, da família e dos amigos para achar um emprego. Se você se dispõe a ser flexível em relação ao lugar onde vai trabalhar, isso pode significar mudança para longe das redes de apoio que hoje o fazem sentir-se resistente, realizado e amparado. Pesquisas revelam que, na velhice, ao olhar para trás, você acreditará que levou uma boa vida se tiver conquistado negociar um equilíbrio que contemplou suas realizações mas também serviu a seus valores e a seus relacionamentos sociais básicos.

Às vezes, escolhas demais causam sofrimento. À medida que deparamos com mais opções de diferentes estilos de vida, temos de encarar a dificuldade de tomar decisões para fazer malabarismos entre trabalho, família e filhos. Uma grande mudança de trabalho pode até ser estimulante se você for uma pessoa naturalmente expansiva. Entretanto, se for tímido e lento para se adaptar a um novo ambiente, assegure-se de que não está investindo tudo no novo emprego e se isolando socialmente – conectar-se com os outros é parte essencial do equilíbrio entre vida e trabalho.

Status e riqueza não são bons indicadores de bem-estar pessoal. Algumas vezes, recusar uma promoção é o caminho do bem-estar. Saber quando pedir ajuda e perceber quando é hora de abrir mão de algo importante em sua vida é sinal de sabedoria. Resistência, determinação e perseverança são qualidades importantes em tempos de mudança. E nossa sociedade está mudando rapidamente: as regras de vida de nossos pais nem sempre fazem sentido hoje em dia. Precisamos encontrar coragem para confrontar aquilo que não parece dar certo, fazer as grandes perguntas e ser mais criativos na hora de procurar e achar as respostas. Encare sua escolha não como algo estressante, e sim como uma forma de explorar seu objetivo real.

■ Desenvolva parcerias positivas

Em nosso caminho, criamos novas regras, novas expectativas e novas responsabilidades. Pais que trabalham e têm filhos podem desfrutar os estímulos sociais e mentais do trabalho, do dinheiro e de suas particularidades enquanto forem capazes de viver parte de sua vida como indivíduos. Mas esse arranjo pode ter um preço para o relacionamento. Cada um deles está sob pressão para participar do trabalho doméstico e do cuidado com as crianças. Para o homem, essa pode ser uma exigência razoavelmente nova. A maior parte das mulheres que trabalha em período integral, por sua vez, hoje em dia acredita que as tarefas domésticas devem ser divididas. Os homens freqüentemente saem de casa às 7h30 para só voltar doze horas mais tarde. Em uma pesquisa realizada pela revista *Management Today* no Reino Unido, 30% dos homens diziam que seu trabalho "interferia seriamente em sua vida pessoal". Uma notável percentagem de 96% dos homens achava seu trabalho interessante e desafiador e estava feliz por participar da criação de seus filhos. Mesmo assim, os homens hesitam em lutar por horários flexíveis para ficar mais tempo com as crianças. Apenas 9% dos homens trabalham meio período contra 43% das mulheres. Se você trabalha em uma pequena empresa, os horários flexíveis nem sequer serão oferecidos.

Se você tem filhos, deseja ficar muito tempo com eles. Seu futuro bem-estar, sua criatividade e sua capacidade de liderança estão relacionados ao tempo que você passa com eles e à qualidade de seu cuidado nos dois primeiros anos de vida. E as crianças querem que seus pais estejam menos estressados mesmo que isso signifique vê-los pouco. Tente perguntar a seu filho ou a uma criança de quem você gosta o que mais deseja fazer em sua companhia. Minha filha disse: "Brincar com jogos de tabuleiro". Precisei perguntar a mim mesma: "Jogos de tabuleiro? Quando foi a última vez que fiz isso?" Ouça o que a criança mais importante de sua vida diz e continue sempre perguntando.

Achar e manter o equilíbrio entre vida e trabalho ainda representa a maior barreira às mulheres que buscam desenvolver seu potencial. Mesmo que você trabalhe em uma empresa progressista, com políticas que permitem flexibilidade e mobilidade, as atitudes de seu gerente podem impedi-lo de aproveitar essas oportunidades. As mulheres sofrem muita pressão na cultura de longas jornadas de trabalho, já que continuam a fazer a maior parte das tarefas domésticas, a organizar as atividades escolares dos filhos e as atividades sociais da família.

Depois do divórcio, muitas mulheres percebem que se tornaram mães solteiras, enquanto seu marido voltou a ser simplesmente solteiro. Alguns homens gostam dessa situação, enquanto outros desejam interagir mais com seus filhos, embora talvez não tenham com eles o convívio que desejariam. As crianças, é claro, percebem a animosidade e a ausência por mais que os pais tentem escondê-las. Elas podem adaptar-se a pais que não estão por perto, mas isso tem seu custo. Para todos os que estão em uma situação como essa, conseguir o equilíbrio certo é especialmente importante.

■ Conecte-se com os outros – e com você mesmo

Para atingir o equilíbrio entre sua vida e seu trabalho, você descobrirá a importância de passar algum tempo fazendo "trabalho interior" para realmente saber quais são seus recursos pessoais e como eles podem ajudá-lo. Não é freqüente ter a oportunidade de explorar as qualidades de seu caráter. Que nota você daria, por exemplo, para sua bondade, generosidade, compaixão ou senso de humor, mente vigorosa, aberta e ativa, capacidade de dar sem esperar recompensa nem aprovação? O intelecto pode convencê-lo, e aos outros de que você gosta de seu estilo de vida e acredita que se deu muito bem. Mas, para descobrir como realmente se sente, você precisa sentar-se, bem quieto, e ouvir seu coração. Enquanto estiver trabalhando neste livro, pratique a arte de ouvir seu coração enquanto começa a rever sua vida e seu trabalho e a tomar decisões, fazer planos e escolhas sobre o que precisa mudar para obter mais equilíbrio. Aqui está uma experiência que lhe mostrará o valor de dar alguns pequenos passos – mesmo que no começo eles pareçam desconectados do quadro mais amplo ou do objetivo maior.

Entretanto, não tente isso, por favor, se já estiver cansado de dar muito aos outros. Você não pode fazer isso se estiver exausto. Antes de executar o exercício, reserve algum tempo para cuidar de si mesmo, agradar-se e achar um local onde você possa se reabastecer para se reequilibrar. Depois tente o seguinte ao longo da próxima semana:

> *Deliberada e conscientemente, faça algo só por prazer. Escreva sobre essa experiência, sobre o que pensou e sentiu no dia seguinte. Faça algo por bondade a alguém, um ato que exija bastante de suas forças e qualidades. Escreva sobre seu ato de bondade no dia seguinte: o que você experimentou, sentiu e pensou sobre ele? Tente fazer com que os dois atos sejam equivalentes em termos de intensidade e duração.*

Antes de ir para o próximo capítulo, que o encorajará a explorar um pouco mais sua forma de ver a si mesmo e ao mundo, reserve algum tempo para refletir no que aprendeu até agora e na utilidade desse aprendizado.

O que importa não é **o que** você faz, mas **como** faz

Capítulo 3

Desenvolva a autopercepção

- Aprecie as coisas boas de sua vida
- Comporte-se como se estivesse fazendo diferença
- Traga seus valores ao trabalho que faz
- Melhore sua auto-estima e confiança

Você pode precisar de mudanças em sua vida, você pode querer mais para si mesmo e para os outros, mas como está lidando com o que já tem? Quem sabe você precise parar de acumular para sentir que está no caminho certo do equilíbrio? Um exame de sua situação neste exato momento o ajudará a lançar um novo olhar a si mesmo e a sua vida. Este capítulo foi planejado para que você descubra em que aspectos seu jeito de gerir a vida e o trabalho pode ser melhorado. Isso o ajudará a esclarecer em que pontos você precisa fazer mudanças. Ao trabalhar esse tema, você poderá até ficar surpreso com algumas partes do quadro que vai emergir.

◆ Por que você se sente grato neste momento de sua vida?
◆ Por que sente que foi abençoado?
◆ Que valores reconhece?
◆ O que lhe dá alegria em sua vida atual?
◆ O que lhe dá prazer na vida hoje em dia?
◆ O que o reconforta neste momento de sua vida?
◆ O que o anima e o faz sentir-se vivo neste momento?
◆ O que faz você se sentir bem?
◆ Que aspectos de sua vida lhe permitem rir à vontade?

Se você se fizer essas perguntas, muitas vezes descobrirá que elas o fortalecem e mudam, dão algum brilho a seus olhos. Todas as vezes em que fico presa em um congestionamento, me vejo deprimida ou desapontada, tenho uma reunião importante ou preciso fazer algo para alguém quando não sinto muita vontade, essas perguntas funcionam como um remédio instantâneo que me faz realmente bem. Você não tem que fingir um sorriso nem bancar o durão: pode simplesmente lembrar as coisas que levantam seu moral – pessoas, lugares e atividades que o agradam, renovam sua energia e melhoram seu estado de espírito.

■ Escolha como você quer se sentir

Esse é o tema de muitos livros sobre desenvolvimento pessoal. No que diz respeito à conquista do equilíbrio entre vida e trabalho, essa é uma parte essencial do processo de autopercepção e autogestão que lhe dará o estímulo necessário para fazer mudanças. A forma de percepção é criada por técnicas de mudança de perspectiva, e você pode escolher o que sente mudando seu foco, suas crenças ou suas atitudes. Você pode mudar a forma como encara uma situação, o que sente sobre ela ou sua relação com ela. É claro que isso não significa mudar outra pessoa nem alterar uma situação real (por exemplo, a perda de um emprego, o fechamento de uma empresa ou a morte de seu patrão). A percepção envolve a influência das forças enigmáticas de coisas como intuição, curiosidade, fascínio, compromisso, paixão, "fluxo", motivação, foco, compulsão, dever, lealdade, fé e ações que respondem à vocação pela qual você se sente chamado. Seu senso de realização pode ser drasticamente aumentado, já amanhã de manhã, se você disser a si mesmo simplesmente:

O que importa não é o que eu faço, mas como faço.

Comporte-se como se você pudesse fazer diferença, fizesse diferença e na verdade *fosse* a diferença e pergunte a si mesmo duas questões:

- O que eu valorizo, quais são meus princípios e como posso mostrá-los melhor com minhas decisões e meu comportamento?
- Como posso mostrar apreciação e gratidão?

■ A importância de seus valores

Conhecer seus valores e viver sua vida de acordo com eles é o caminho da autenticidade, do poder e da honestidade – qualidades que freqüentemente ficam de fora dos exercícios de auto-avaliação. Valores são algo em que você acredita – eles são parte de seu caráter. Se você estiver vivendo de acordo com os valores de outra pessoa ou os valores convencionais de nossa sociedade e não concorda com eles, não se surpreenda quando ficar estressado. Viver com valores nos quais não se acredita inteiramente é difícil para qualquer um.

Evidentemente, você precisa conhecer seus valores para viver de acordo com eles. Quando pergunto a um grupo de pessoas se elas sabem quais são seus valores e se conseguem priorizá-los, poucas sabem responder. Muitas pessoas passam boa parte do tempo tomando decisões, interagindo com os outros, liderando e influenciando os demais mesmo que não tenham consciência disso – no entanto, elas próprias ainda não conhecem seus valores.

Líderes que têm princípios fazem mais do que falar sobre seus valores: eles agem de acordo com suas crenças. Os valores são duradouros e servem como guia, permitindo que as pessoas reajam rápida e flexivelmente aos eventos em sua volta (embora grandes eventos e transições possam resultar em mudança de valores). Não é surpreendente que pessoas fortemente ligadas a seus valores gozem de mais felicidade e saúde mental. Um humor positivo é contagiante e é sentido e transmitido às pessoas em redor. Examinar suas virtudes é uma tarefa importante em sua jornada, que cria energia e positividade – recursos essenciais na busca de equilíbrio entre vida e trabalho.

O exercício a seguir é uma ferramenta de desenvolvimento pessoal muito fácil de usar. Ele o ajudará a esclarecer os valores importantes para você e poderá usar os resultados para desenvolver a própria personalidade e as habilidades de motivação. Escreva na primeira coluna o nome de alguém, na segunda as qualidades que você aprecia nele e na terceira, com uma só palavra, um valor que ele representa. Se tiver dificuldade, leia a página seguinte à tabela.

Pessoa	Qualidades	Valor

■ Entenda seus valores

Para preencher sua tabela de valores, você pode usar pessoas com quem trabalha, amigos e colegas, uma criança que conhece, um terapeuta ou um assistente com quem esteja envolvido, parentes, patrões, celebridades e líderes políticos e espirituais. Você pode, por exemplo, admirar Nelson Mandela por sua coragem, dignidade e integridade. Pode admirar sua coragem acima de tudo: esse é, então, um de seus valores.

Agora reflita nas questões a seguir:

- Por que você gostaria de ser lembrado?
- A que você reage melhor nas outras pessoas?
- A que parte de sua personalidade você quer que as pessoas reajam?
- O que você mais aprecia e o que isso diz sobre seus valores?
- Do que você gosta e o que isso diz sobre seus valores?
- O que você ama e o que isso diz sobre seus valores?
- Qual é seu filme favorito e o que isso diz sobre seus valores?
- Qual é seu livro favorito e como ele reflete sua visão de problemas e soluções?
- Quem você ama e por quê?
- Com quem você gostaria de se parecer e por quê?
- De quem você ouve conselhos e por quê?
- Quem você atende e por quê?
- O que faz você se sentir bem e o que isso diz sobre seus valores?
- Quais são seus modelos – e do que você gosta neles? Em que você se parece com eles e no que é diferente?
- De que revistas você gosta – e o que isso diz sobre o ambiente em que aprecia viver?

- O que você gosta de fazer nos momentos de lazer e o que isso diz sobre sua auto-expressão, seus papéis e suas recompensas?
- Que lema você usaria como título de sua biografia?

Você agora deve estar pronto para identificar seus três valores principais. Anote-os aqui:

Agora reflita sobre a forma como você pode viver mais autenticamente em relação a seus valores respondendo às seguintes perguntas:

- O que você deve continuar fazendo?
- O que você deve parar de fazer?
- O que você deve começar a fazer?
- Quem você conhece que tem os mesmos valores? (Isso lhe dirá se você anda na companhia certa.)
- Que valor fica mais claro em seu modo de vida?
- Que valor não fica claro em seu modo de vida?
- O que o impede de viver de acordo com seus valores? (Por exemplo, seus valores entram em choque uns com os outros? Existe conflito entre eles?)
- O que isso custa a você e aos outros?
- O que você poderia fazer em relação a isso? (Por exemplo, se existem valores em choque, há espaço para acordos, mudança, compromisso?)

■ Proponha-se a atingir o sucesso

Otimismo e extroversão são traços de personalidade freqüentemente ligados a sentimentos de felicidade e realização. Algumas pessoas têm mais inclinação natural à felicidade como resultado da herança genética e da química cerebral. Neurocientistas descobriram que os genes exercem seu papel na regulação de serotonina e dopamina, substâncias químicas presentes no cérebro ligadas a níveis de felicidade apresentados por alguns indivíduos. Entretanto, todo mundo pode aprender a cultivar habilidades como motivação, disciplina, planejamento e organização. Todas elas o ajudarão a se sentir mais otimista em relação ao futuro e ampliarão suas possibilidades.

O que o impede de se tornar a pessoa que você gostaria de ser? Como você se sente em relação às atitudes citadas a seguir?

- Falar francamente no trabalho quando lhe pedirem para fazer alguma coisa que você não acha correta.
- Pedir aumento de salário que já deveria ter sido dado há muito tempo.
- Encobrir os erros alheios.
- Ajudar alguém que está sendo intimidado ou transformado em vítima no trabalho.
- Dirigir o próprio negócio.

■ Entenda seus bloqueios

Agora reserve algum tempo para pensar sobre o que poderiam ser seus bloqueios. Você está, por exemplo:

- Negligenciando algo ou alguém?

- Sentindo que nada que fizer trará alguma diferença?
- Esperando que algo aconteça?
- Esperando que outra pessoa faça alguma coisa acontecer?
- Perturbado por algum problema?
- Sentindo medo ou raiva?

Pense no que você está bloqueando e na maneira como se sente em relação a isso. Você, por exemplo, adia a hora de começar a fazer exercícios e depois se sente culpado e inerte?

Quando as pessoas estão aborrecidas com você, o que dizem? "Como pôde esquecer isso? Pensei que pudesse contar com você." Dizem algo assim ou palavras completamente diferentes?

O que acontece quando você não está vivendo de acordo com seus valores? Você se torna quieto, retraído e pára de se comunicar? Você se sente comprometido com algo com que não concorda, incomodado e desapontado consigo mesmo ou sente outras coisas?

Agora que começou a pensar em seus bloqueios, pegue uma caneta e papel e anote os dez obstáculos, deficiências ou dificuldades que o atrapalham em casa e no trabalho. Seja o mais específico possível: "Tenho medo de arruinar a apresentação", "Tenho medo de ferir os outros quando lhes disser o que preciso", ou qualquer outra afirmação que se aplique a você.

▪ Recomposição de uma situação

Recompor é uma boa técnica para nos capacitar a ver determinada situação de uma perspectiva diferente. É especialmente útil em situações de conflito, falta de compreensão e colapso de comunicação e pode trazer melhoras reais e resolver problemas. Essa técnica tem cinco passos.

Passo 1: Cite uma situação do passado em que as coisas não se resolveram muito bem e você contribuiu para isso com seu comportamento.

Por exemplo: *eu sei que deveria ter repreendido aquele funcionário que estava intimidando alguém no escritório, mas devido a outras considerações decidi não fazer isso, e agora a situação está pior.*

Passo 2: Reconheça os medos irracionais relacionados a sua competência. Descubra o que o está bloqueando.

Ele podia ficar com raiva, fazer panelinha com outras pessoas da equipe e então todos me excluiriam.

Passo 3: O que você fez que desperdiçou seu tempo e o impediu de ser produtivo?

Eu adiei e me preocupei e por fim tentei, com muita má vontade, falar com essa pessoa sem nenhum objetivo claro na cabeça.

Passo 4: Encontre uma oportunidade de se sentir bem relacionando suas forças e seus valores e veja como eles poderiam ajudá-lo a derrubar esse bloqueio.

Eu já mostrei coragem e engajamento no passado. Tenho certeza de que meu julgamento desse caso está correto e também tenho o apoio de um colega confiável.

Passo 5: Qual é o benefício de partir para a ação? O que você e os outros têm a ganhar?

Eu me sentirei mais autêntico e de qualquer forma encerrarei esse assunto. Do jeito que as coisas estão, o funcionário que teve esse comportamento sabe que não estou contente e não confio mais nele, pois me afastei. Tenho questionado seus julgamentos e suas ações como não fazia antes, e por isso o relacionamento não está bem agora. Se eu partir para a ação, as coisas só poderão melhorar.

Ao fazer isso, demonstrarei minha coragem. Mostrarei respeito pelos outros – um valor-chave para mim. Para ganhar coragem, lembrarei os momentos em que fiz a coisa certa no passado e pensarei em exemplos inspiradores de outras pessoas. Começarei dizendo da forma mais clara e calma que puder: "Você sabe que eu, neste departamento, valorizo o respeito pelos outros. Pois bem, você está fazendo algo que me incomoda..." Eu também acho que no longo prazo isso será para o bem dele e bom para o departamento, assim como para a pessoa que está sendo vítima do comportamento dele.

■ Não perca sua oportunidade

Estresse e dor são sinais de que estamos apegados a alguma coisa – quase sempre uma imagem que temos de nós mesmos. Quando não nos sentimos capazes de lidar com isso, essa idéia de inadequação nos torna teimosos e até um pouco mesquinhos. Ao encarar nossos demônios e praticar a generosidade, podemos simultaneamente nos doar e deixar de resistir. Como resultado, nós nos abrimos, relaxamos e ficamos mais leves.

Vale a pena lembrar que oportunidades perdidas estão mais presentes na lista de arrependimentos das pessoas do que qualquer ato que tenham praticado.

Você sempre pode aproveitar ao máximo as oportunidades – mesmo que seja apenas sorrir para alguém que passa pelo corredor. Não importa que isso possa parecer insignificante no momento.

- ◆ Que oportunidade você está deixando para trás?
- ◆ O que se arrepende de não ter feito?
- ◆ De que você precisa para parar de resistir e fazer as coisas?
- ◆ Aquilo que você deve fazer para tomar a direção desejada representa um pequeno risco que pode ser facilmente assumido?

- Quais são as pequenas mudanças necessárias para que você faça mais as coisas que ama e sabe que lhe fazem bem?

À medida que você se comprometer a fazer seu trabalho mais cuidadosamente, consciente de seu impacto e de suas conseqüências, achará mais prazer nisso. É possível que aprenda a amar aquilo que precisa fazer. Mas, se você não consegue lembrar-se de nenhuma parte de seu trabalho de que goste, é provável que deva começar a fazer mudanças.

Reconheça agora as partes de seu trabalho e de sua vida que você ama ou aprecia. Seja grato por conseguir fazer essas coisas. Se isso parecer difícil no começo, tente manter a mente aberta e pratique essa atitude por algum tempo. Você pode começar a se sentir grato por algum aspecto de seu trabalho mesmo que seja apenas uma pequena parte. Se isso não acontecer, é o momento de pensar em deixá-lo. Ficar em um emprego que não lhe dá satisfação nenhuma é ruim para sua saúde.

■ Faça mudanças

No começo de qualquer processo de mudança, a maioria das pessoas faz inúmeras perguntas – quase sempre as mesmas. Achamos que precisamos de certezas e devemos estar absolutamente seguros do que fazemos. Seja como for, se você lembrar que não há garantias estabelecidas e a certeza completa é impossível, talvez fique mais fácil ir em frente.

Você pode, por exemplo, fazer perguntas como estas:

- Estou fazendo o que é certo para mim?
- Deveria mudar de direção na carreira?
- Por que estou fazendo isso?

- Deveria ter filhos? Quero filhos?
- Estou com o parceiro certo? Ele(a) é a pessoa certa para mim? Eu seria mais feliz sozinho ou com outra pessoa?

Mas respostas a perguntas como essas não são simples: não existe nenhum parceiro totalmente perfeito esperando por você, não existe nenhum emprego ideal e, principalmente, não existe nenhum "você" perfeito esperando para ser descoberto. Essa descoberta resultaria em realização total e garantia de felicidade para o resto de sua vida! Em vez disso, existe um monte de possibilidades que precisam ser exploradas, experimentadas, analisadas e praticadas para que você, em seu íntimo, descubra se elas se encaixam com as lições de vida de que precisa.

Existe uma máxima antiga muito interessante: "As circunstâncias de sua vida refletem as necessidades da alma". Isso é digno de alguma reflexão, não importa qual seja sua definição de "alma". Alma, é claro, significa muitas coisas diferentes para diferentes pessoas – eu a defino como a essência do "você", que você sabe que está lá; o "você" que está contido, inteiro, muito diferente e mesmo assim conectado com as outras pessoas. Sua alma é sempre a mesma, mas você pode descobrir várias e diferentes personas* e estilos de vida durante sua trajetória: a personalidade encontra muitas formas de se manifestar. A personalidade que é *você* tem que decidir o estilo de vida, o emprego, o papel e a persona que é preciso adotar. Autopercepção é uma habilidade da qual todos precisamos não apenas em tempos de mudança mas durante toda a nossa vida.

---

* O conceito de "persona", aqui, pode referir-se a duas diferentes acepções. A primeira é a presente na teoria de C.G. Jung – a de uma personalidade que o indivíduo apresenta aos outros como real, mas que de fato é uma variante às vezes muito diferente da verdadeira. A segunda acepção é a de uma imagem com a qual a pessoa se apresenta em público. [N. T.]

■ Sentimentos relacionados à mudança

À medida que começa a lidar com o necessário para atingir o equilíbrio, você talvez descubra que suas reações são formas de protegê-lo e defendê-lo das mudanças. Muitas pessoas temem a mudança porque têm medo de perder aquilo de que precisam, querem e valorizam na atual configuração de sua vida e de seu trabalho. Sentimentos contraditórios em relação à mudança são muito comuns. Normalmente o medo aciona uma reação, uma defesa, uma negação, uma perturbação, um desvio, um ataque ou outra forma de fuga para evitar a mudança.

Muitas vezes, o medo nada mais é do que a **F**alsa **E**vidência com **A**parência **R**eal – um conceito que se apresenta freqüentemente no trabalho de desenvolvimento pessoal. Digamos, por exemplo, que certa vez você tenha sido demitido. Agora acaba de entrar numa empresa que por acaso está com dificuldades financeiras. Você começa a perder o sono, preocupado com a possibilidade de outro corte de pessoal, mas isso não significa necessariamente que a mesma coisa vá acontecer de novo. Você está sofrendo de F.E.A.R*.

Quantas vezes você já descobriu que algo que lhe causava medo não se baseava na realidade? Um pensamento tão perturbador como esse pode nos deprimir, mas em vez de abandoná-lo nós nos agarramos a ele e o arquivamos com outros pensamentos infelizes, negativos, pessimistas e de baixa energia, do tipo nunca-dá-certo. E, antes de nos dar conta, entramos num torvelinho de negatividade. Então talvez fiquemos agitados e irritáveis ou talvez perturbados de alguma forma. Giramos como um pião e nos alternamos entre a depressão e ansiedade

---

* "Medo", em inglês. [N.T.]

agitada. É fácil deixar os sentimentos negativos se agigantarem, elaborando-os ou exagerando-os e permitindo que nossas emoções tomem conta de nossa mente e de nosso corpo. É assim que as coisas ficam fora de proporção, e se nós dermos carta branca às nossas preocupações exageradas logo teremos problemas e será preciso enfrentar esses problemas sozinhos, sem nenhuma rede de apoio – pois talvez tenhamos danificado aquelas que poderiam nos apoiar.

Pergunte a si mesmo sobre sua reação a algo que o deixa inseguro. Descubra se sua abordagem é de curiosidade e investigação e se você procura o equilíbrio e a perspectiva com os pés bem firmes na realidade. Talvez sinta que está numa montanha-russa emocional, comporta-se mal, exagera as coisas sem controle nenhum. Como isso vai acabar?

Se você está se debatendo com um incidente que não acabou bem, remoendo um comportamento ruim que teve, lidando com um desapontamento ou com uma pessoa que parece difícil, observe o que se passa em seu íntimo e assegure-se de que não está voltando a velhos hábitos, crenças, comportamentos e atitudes diante dos outros, criando situações que não são boas para você aqui e agora.

Pergunte a si mesmo onde está a lição disso tudo para você.

▉ Entenda como seu passado está afetando seu presente

Todo mundo carrega consigo uma história de vida que lhe dá uma identidade e conta com vários tipos de mecanismos para proteger e defender a persona. Você diz a si mesmo quanto pode ser bem-sucedido, o que pode realizar, quais são suas limitações, em quem pode confiar, que papel deve desempenhar – até mesmo com que tipo de pessoa pode fazer amizade.

Tais crenças e hábitos mentais estão enraizados em nossa memória emocional e normalmente representam experiências passadas ou coisas que nos foram ditas na infância, depois reforçadas em vários momentos de nossa vida. Assim, tornaram-se formas rígidas de ver a nós mesmos. Quase nunca percebemos que afetam ativamente nossas atitudes e nosso comportamento. Tendem a ser insidiosas e tenazes e podem fazer com que fiquemos num beco sem saída, incapazes de esclarecer exatamente o que nos impede de ter mais escolhas, mais controle sobre nossa vida diária. Talvez não queiramos nos sentir tão limitados, mas aparentemente somos impotentes para fazer mudanças relacionadas ao nosso senso de escolha, nosso poder pessoal e nossa capacidade de mudar de comportamento.

Há uma forma de sair desse círculo vicioso e procurar possibilidades alternativas de vida. Conforme avançar na leitura deste livro, pode oferecer a si mesmo oportunidade, tempo e espaço para examinar essas crenças e verificar se são verdadeiras e úteis para você. Sempre que não estiverem lhe fazendo bem, liberte-se delas. Comece a fazer isso no contexto de sua situação atual enquanto procurar mais equilíbrio em sua vida e seu trabalho. Os exercícios a seguir não têm a ver com o passado, mas com o que você é *agora*, no presente – o único tempo de que realmente dispõe.

■ Reveja suas capacidades

Um aspecto muito importante da autopercepção é a consciência de todas as suas capacidades – suas crenças sobre o que você pode ou não fazer. Essa consciência fornece a mais autêntica evidência de quais são seus recursos pessoais para ser bem-sucedido no que faz. É interessante saber que também precisamos experimentar o fracasso para construir resistência, embora muitos fracassos precoces possam nos atrasar até que façamos um esforço consciente para deixar o passado para trás e viver no presente. Isso pode parecer simplista, mas, como muitas pessoas sabem por experiência, assim que fazemos isso limpamos a área para aprender novos hábitos, mudar crenças superadas e obter mais controle sobre a vida e o trabalho.

Além de fazer julgamentos de nossa capacidade, também acreditamos saber o que valemos – ou não. A auto-estima tem a ver com o senso de valor. Não existe nenhuma correlação essencial entre a forma como você julga suas capacidades e a estima que sente por si mesmo. Você pode achar que não faz algo muito bem, mas não sofre nenhuma perda de auto-estima por causa disso porque não investe sua estima nessa atividade. Por exemplo: você pode se ver como alguém que não precisa aprender a usar a máquina de fotocópias do escritório, portanto não considera a habilidade de tirar cópias muito valiosa. Com um pouco de sorte, haverá alguém para fazer esse trabalho. Você vai preferir esforçar-se para fazer algo que lhe dê um sentimento de valor próprio e aumente sua auto-estima, e isso o levará a realizar um trabalho no qual é bom, pois ele fará com que se sinta bem.

■ Veja as coisas como realmente são

Comece por considerar se você tem sido um bom amigo para as outras pessoas e para si mesmo. Você pode se ver como uma pessoa especial ou, pelo contrário, sentir que tem direito apenas a um sucesso menor do que alguém que recebe uma renda extra e não precisa trabalhar tão duro para ganhar a vida. Pode sentir-se superior à pessoa que tira as cópias para você. Tem amigos muito mais velhos ou mais jovens em empregos que exigem menos qualificação e oferecem baixos salários? Sua auto-imagem é muito rígida? O que isso pode significar para seu projeto de ter mais equilíbrio entre vida e trabalho? Imagine que você subitamente tem de encarar uma demissão ou um corte de salário. Isso lhe permitiria trabalhar em tempo parcial para cuidar de seu pai e de sua mãe, que estão envelhecendo, ou passar mais tempo com as crianças, mas pense em quanto essa mudança de status *afetaria* sua autopercepção.

A auto-imagem se refere ao quadro completo que você tem de si mesmo – identidade nacional e cultural, papel social, aparência física, gostos e aversões, qualidades pessoais. Eu, por exemplo, sou inglesa, branca, psicóloga profissional e mãe. Sou baixa, gosto do Gênesis, sou uma pessoa compassiva.

A autoconfiança se refere a nossa percepção de que podemos fazer as coisas com sucesso. O senso de valor próprio e a auto-estima refletem a opinião geral que temos de nós mesmos e o valor que nos atribuímos como pessoas. A auto-estima tem dois aspectos interligados: o senso de eficácia pessoal e o senso de valor próprio. Representa a soma integrada de autoconfiança e respeito próprio. Trata-se da convicção de que a pessoa é competente para a vida e digna de viver. A auto-estima está relacionada à saúde mental positiva e ao bem-estar psicológico e também a um bom ajuste pessoal em termos de envelhecimento, mudança e construção de relacionamentos.

Para fazer escolhas positivas e mudanças no futuro, é importante libertar-se de velhos hábitos e crenças. Você não precisa continuar a refletir os preconceitos, as preferências nem a negatividade de outras pessoas. Você é capaz de criar a própria auto-estima a cada minuto do dia. Se trabalhar com este livro com a consciência do que realmente está acontecendo, e não do que gostaria que acontecesse, ele lhe oferecerá a oportunidade de criar e manter auto-estima e autoconfiança relacionadas à pessoa que você é agora, a suas necessidades e à direção que você dá a suas energias e seus esforços.

■ Reveja sua auto-estima

Examine algumas coisas que você precisa mudar para achar uma forma mais equilibrada de viver e trabalhar. Considere o que o impede de fazer isso e precisa ser trazido do passado e resolvido no presente. Você pode mudar seu comportamento e portanto também a reação que terá impacto em seus pensamentos e sentimentos sobre si mesmo. Isso, por sua vez, terá impacto sobre seu comportamento. Não se trata de uma progressão linear, e sim de um processo circular.

A baixa auto-estima está ligada à ansiedade e ao estresse, a relacionamentos em que você foi explorado, a objetivos modestos e resultados mais modestos ainda. Ela é um fator importante em sua busca de equilíbrio entre vida e trabalho. A boa notícia é que tudo isso é dinâmico e pode mudar.

Para descobrir como está sua auto-estima, dê uma olhada nas afirmações a seguir. Elas se aplicam a você?

- ◆ Minhas experiências me ensinaram a me valorizar.
- ◆ Aprecio minhas qualidades.
- ◆ Aceito minhas fraquezas.
- ◆ De forma geral, atendi as expectativas de meus pais e os padrões que me foram impostos.
- ◆ Quando criança, recebi muitos elogios, afeição e atenção.
- ◆ Eu consigo me sentir melhor depois das dificuldades.
- ◆ Sinto-me à vontade para pedir a atenção e o tempo das outras pessoas.

- Meus pais nunca ou raramente me batiam nem me maltratavam.
- Tenho expectativas razoáveis do que posso atingir.
- Eu me integrava bem em casa e na escola.
- Sou bom comigo mesmo e procuro me encorajar em vez de ser autocrítico.

Como a auto-estima se desenvolve

Nossa auto-estima tem origem no contexto social e familiar. Nenhum fator isolado é definitivamente importante, e nada no desenvolvimento de uma criança é causal nem determinante, mas existem alguns aspectos que podem predispor à auto-estima alta ou baixa.

1. Envolvimento dos pais

Apego e formação de vínculos têm efeito significativo em nossa auto-estima. Estas são algumas questões sobre as quais você pode refletir: seus pais estiveram ausentes em qualquer momento de sua primeira infância? Eles mostravam amor e atenção ou você tinha uma impressão de indiferença? Eles o abraçavam bastante, diziam que o amavam, mostravam muito respeito a você, embora fossem firmes e justos – ou não? Eles se orgulhavam de seus pontos fortes e perdoavam suas fraquezas? Sua mãe tinha auto-estima naturalmente boa? (As crianças tomam como modelo e imitam a auto-estima da mãe; portanto, se a auto-estima materna for baixa ou se a mãe estiver sempre deprimida, a auto-estima da criança também se mantém baixa.)

2. Valores

A escola e a vida familiar durante a primeira infância nos ensinam valores pró-auto-estima, como coragem, autodisciplina, honra, respeito aos outros. Que valores ou princípios seus primeiros anos de escola, sua família e aqueles que você respeitava lhe ensinaram?

3. Grupo social

A autoconfiança é freqüentemente estabelecida por comparação e identificação com amigos ou com o grupo de iguais (colegas de trabalho, estudo, amigos da mesma faixa etária etc.). Com que grupo você se identificava e como era a auto-estima de seus membros?

4. Diferenças de gênero

As mulheres tendem a relacionar seu valor à forma com que são avaliadas ou vistas pelos outros. Os homens tendem a relacionar seu valor com competência e sucesso.

Você sente que isso vale para você? Quais foram as repercussões disso em sua vida?

5. Personalidade

As pessoas otimistas e autônomas têm em geral auto-estima mais alta. Você é otimista? Costuma ver primeiro o lado bom ou o lado ruim das coisas? Você tem alguma independência e autonomia em sua vida?

Se sua auto-estima for baixa, pergunte a si mesmo:

- ◆ Quem ou o que está destruindo meu senso de poder pessoal?
- ◆ Como reforçar meu senso de poder?
- ◆ Por que estou me sentindo insignificante?
- ◆ Como posso me sentir mais importante?
- ◆ Será que violei um de meus padrões morais?
- ◆ Onde posso conseguir a avaliação de minha competência?

A baixa auto-estima pode levar uma pessoa ao sucesso por medo do fracasso – como acontece, por exemplo, com um *workaholic* extremamente bem-sucedido. Reflita: a auto-estima tem sido uma motivação ou um obstáculo em sua vida e em seu trabalho até agora?

Você sofre de algum destes sintomas de baixa auto-estima?

- Você tem uma auto-imagem negativa e algumas vezes se sente inadequado ou pouco atraente?
- Você fica arrasado e profundamente desapontado quando é criticado?
- Você fica perturbado, exausto e muito tenso quando está sob pressão?
- Você imagina o fracasso e se sente muito aflito quando as coisas dão errado?
- Você fica irritado, na defensiva ou agressivo quando é desafiado ou pressionado?
- Você passa pela vida de cabeça baixa, evitando ser notado?
- Você dificilmente pede a opinião dos outros para perguntar se está fazendo bem as coisas?
- Você renuncia a suas necessidades em favor das necessidades alheias?

Questões para ajudá-lo a alcançar auto-estima mais alta:

- Do que você gosta em si mesmo – por menor e mais supérflua que seja essa qualidade?
- Relacione algumas qualidades positivas que você acredita possuir.
- Cite três conquistas suas, grandes ou pequenas.
- Que desafios você já encarou e superou?
- O que as outras pessoas apreciam em você?

■ Entenda o que você diz a si mesmo

É muito importante conscientizar-se das mensagens que envia a si mesmo. Você pode não estar consciente da origem delas, mas pense em algumas das coisas que diz sobre si mesmo e trabalhe com elas voltando atrás no tempo. O que as pessoas lhe disseram, no passado, sobre sua identidade? Nós todos ouvimos comentários negativos e positivos no passado que afetaram direta ou indiretamente nossa auto-imagem. Escreva os comentários que contribuem com sua auto-estima e coloque um sinal de positivo (+) ou negativo (-) ao lado deles.

Se a maior parte das afirmações que você ouve for negativa, será preciso se libertar delas e substituí-las por afirmações positivas, tais como cumprimentos, elogios, reconhecimento e gratidão de amigos, colegas ou chefes que sabem do que você é realmente capaz, acreditam em você e confiam em seu julgamento.

Enquanto se ocupa com os exercícios deste livro, reserve algum tempo, pare de "fazer" e descubra para onde você vai e quem está "sendo" ao longo do caminho. Para aproveitar ao máximo esses exercícios, você precisa ganhar intimidade consigo mesmo. Você tem direito de se sentir bem consigo mesmo, viver sua vida de acordo com seus valores, tomar decisões e aplicar sua energia na busca do equilíbrio ideal entre vida e trabalho, que atenda suas necessidades, suas circunstâncias e seus valores. Vale a pena investir tempo e energia na busca desse objetivo.

■ Ser diferente pode tornar-se uma vantagem

Em seu recente livro *O dom da dislexia*, Ron Davis liga as raízes da dislexia às do transtorno de déficit de atenção (TDA), do autismo e da hiperatividade. Thomas Edison, Alexander Graham

Bell, Leonardo da Vinci, Walt Disney, o general George Patton, Winston Churchill, Jackie Stewart e David Beckham – todas essas pessoas apresentaram sintomas de dislexia segundo sua definição. Os disléxicos têm pensamento multidimensional, envolvendo todos os sentidos, mais rápido que o pensamento "verbal" (e similar à cognição intuitiva, muito veloz). Algumas vezes, são vistos como "avoados". Ficam desorientados rapidamente – o que, se por um lado é visto como desvantagem, pode também ser fonte de criatividade. Uma vez que tiveram contato com algo, eles apreendem o assunto em um nível profundo e sabem fazer as coisas quase por instinto, aparentemente sem pensar muito. Vale a pena, portanto, reavaliar as coisas que você faz e julga aborrecer os outros e até atrapalhá-lo e perguntar a si mesmo: "Como esses comportamentos podem ser úteis e de que modo posso usá-los criativamente?"

■ Melhore sua auto-estima

Se você sente que sua auto-estima precisa ser estimulada, pergunte a si mesmo:

- ◆ Quem é capaz de melhorar sua auto-estima?
- ◆ Como você pode passar mais tempo com essas pessoas?
- ◆ Como pode encontrar mais oportunidade de ficar perto das coisas que elevam sua auto-estima?

■ *Scripts* de vida

O conceito de "*scripts* de vida" se originou do movimento americano de psicologia transpessoal. O *script* tem a ver com autopercepção e pode ser mudado. Não é rígido nem imutável, mas baseado em um conjunto de crenças e atitudes absorvidas bem cedo na vida, freqüentemente dos pais, professores ou de situações familiares. Um *script* contém todas as modalidades de comportamento às quais somos vinculados e as identifica como "nossas". É como se fosse um mapa de nossa identidade.

Seu *script* abrange tudo aquilo que você acredita ser capaz de fazer, o que pensa merecer, suas possibilidades e limitações. Ele pode restringi-lo ou encorajá-lo em sua vida e em seu trabalho e também pode fornecer um conjunto de regras de etiqueta social que varia de acordo com sua nacionalidade, classe, cultura, e conforme você se vê dentro da estrutura social. Algumas pessoas parecem nascer com um talento inato para música, arte ou interpretação, por exemplo, e ficam felizes em passar a vida usando sua criatividade nessas áreas – elas parecem ter herdado um *script* e não sonhariam em fazer nada diferente.

A maioria das pessoas, entretanto, leva tempo para descobrir o que quer fazer na vida, muitas vezes sem o apoio financeiro nem o encorajamento necessário para ter sucesso. Mas, se você realmente pensa poder ser campeão de patinação no gelo, por exemplo, e concentra todas as suas energias nisso, provavelmente ninguém o impedirá de atingir seu objetivo. Nossos *scripts* de vida influenciam o sucesso que temos, nosso desejo de ter filhos, e quantos, assim como o lugar onde vivemos. Podem até ser aplicados às maneiras à mesa ou à forma socialmente considerada aceitável de sentar, falar ou interagir com outras pessoas.

Se nosso conceito de nós mesmos ou de "quem somos" parece estar ameaçado, a ameaça detectada ativa um "medo autolimitador" – algo de que raramente falamos e nem sequer reconhecemos, mas que freqüentemente pode ser a motivação inconsciente de certos comportamentos. Ao longo da vida, nossos *scripts* combinam ou não com os dos outros. Todos nós, de vez em quando, reagimos com exagero a algo que parece ter atingido um nervo exposto. Se você receber esse tipo de reação, pode ter certeza de que, inadvertida e inocentemente, falhou no *script* de alguém, e essa pessoa reage defensivamente para se proteger do que vê como um ataque.

A maior parte dos indivíduos tem as próprias "regras de vida" para proteger-se de pessoas que transgridem seus medos autolimitadores. Entretanto, mais cedo ou mais tarde alguém acidentalmente esbarra em um de nossos gatilhos, e o *script* inteiro passa inconscientemente por nossa mente. Nós reagimos então não a esses estímulos, e sim ao próprio medo autolimitador. Mesmo que o "ataque" seja discreto, muitas vezes respondemos com exagero porque os medos autolimitadores evocam em nós um forte instinto de sobrevivência.

Como funcionam *scripts* e gatilhos

Experiências dos primeiros anos de vida, como críticas, indiferença, falta de respeito, negligência, abandono ou maus-tratos, podem levar a medos autolimitadores no momento em que você define o que é ou não é, o que pode ou não fazer. Você pode pensar, por exemplo: "Não sou tão esperta nem bonita como minha mãe", "Um dia as pessoas vão descobrir que não sou tão capaz assim" ou "Preciso trabalhar mais do que todo mundo porque não sou tão inteligente".

Para conseguir lidar com seu sistema de crenças, você desenvolve estratégias que poderiam ser chamadas de "regrinhas de vida": "Ninguém vai me notar se eu não for engraçado", "Preciso me esforçar mais para ser admirado" ou "Não devo exagerar, senão vou parecer idiota". Às vezes, entretanto, nossos medos autolimitadores são acionados por gatilhos. Gatilhos são situações que espelham vivências dos primeiros anos – mesmo quando você está levando as coisas de acordo com suas "regrinhas de vida". Exemplos dessas situações são: ser demitido mesmo quando você estava trabalhando duro, levar um fora num relacionamento pessoal mesmo que tenha se esforçado para ficar bonito(a) e não cometer erros ou ser passado para trás na hora da promoção mesmo quando estava fazendo tudo certo.

■ Supere seus medos autolimitadores

Para superar seus medos autolimitadores, você precisa entender o que são e como o afetam. Um bom modo de fazer isso é elaborar uma lista deles. Depois considere como cada um desses medos o afeta. Responda as questões seguintes.

- ◆ Que situações, coisas e pessoas atuam como gatilhos para você?
- ◆ Quais são os sentimentos e pensamentos ansiosos que você experimenta nessas ocasiões?
- ◆ Como se comporta quando se sente assim?
- ◆ Quais são as conseqüências desse comportamento?
- ◆ Como você poderia comportar-se mais construtivamente?

Agora pense em uma situação na qual encontrou algumas dificuldades. Tente analisá-la por partes da seguinte maneira:

- ◆ Cite um medo que essa situação produziu em você.
- ◆ Cite também um sentimento negativo que gerou.
- ◆ Cite um pensamento negativo que acarretou.
- ◆ Cite um pensamento alternativo, positivo, que agora você acha que essa mesma situação poderia ter produzido.
- ◆ Descubra como esse pensamento positivo teria feito você se sentir.

◆ Cite um comportamento ligeiramente diferente que você poderia ter adotado e que teria produzido um resultado mais positivo.

■ Examine suas "regrinhas de vida"

Vamos examinar algumas de suas regras de vida. Preencha os espaços em branco:

Eu devo

....

As pessoas que trabalham para mim devem

....

A vida deve

....

Uma regra de vida que tenho é

....

Isso teve o seguinte impacto em minha vida:

....

Eu tenho essa regra porque

....

As recompensas que tive por obedecer a ela foram as seguintes:

....

Sofri as seguintes penalidades por desobedecer a essa regra:

Uma regra mais realista e útil seria:

De que coisas você gosta em si mesmo (ainda que sejam pequenas)? Relacione pelo menos três qualidades:

Como você poderia usar o que aprendeu sobre *scripts* de vida, gatilhos e "regrinhas de vida"?

Anote aqui três idéias possíveis:

Você está quase pronto para **romper** o impasse

Capítulo 4

Concentre-se nas
prioridades

- Supere seus padrões de comportamento

- Pequenas mudanças podem trazer equilíbrio entre vida e trabalho

- Concentre-se no presente

- Aplique sua energia em finalizações

Todos nós temos um estilo pessoal de responder aos outros e de reagir aos eventos de nossa vida. Pesquisas recentes relacionadas ao cérebro mostram que ele, a personalidade, os valores, as crenças e os padrões de nosso comportamento podem ser ampliados, ajustar-se, adaptar-se e mudar durante a vida. Se por um lado a genética, a estrutura cerebral, os traços de família e os padrões de vida herdados desempenham um papel enorme em nosso desenvolvimento desde bebês, nossa capacidade mental ainda é subaproveitada.

Pesquisas científicas sobre o pensamento ainda têm um longo caminho pela frente antes de poder explicar a força da mente humana. Pensamos em nós mesmos como uma entidade fixa e isolada, mas somos, muito mais do que isso, uma coleção de identificações acumuladas e vínculos que se solidificaram com o tempo. É possível superar padrões limitadores de comportamento. Existem muitos exemplos de pessoas que já na adolescência, ou na vida adulta, transcenderam as mais traumáticas experiências e seguiram em frente, rumo a vidas bem-sucedidas.

Quando se fala de equilíbrio entre vida e trabalho, isso significa que ninguém tem de ficar estagnado em um papel familiar ou em certo estilo de vida. Existem técnicas e habilidades experimentadas e testadas para mudar sua forma de ver as coisas. Uma ligeira mudança de percepção pode fazer enorme diferença. Padrões de comportamento costumam ser examinados e categorizados em testes psicométricos. Entretanto, embora seja sempre útil verificar suas preferências e seus padrões comportamentais típicos, isso não é tudo. Você é muito mais do que seus hábitos e padrões.

■ Cuide de si mesmo

Se você sabe que seu estado de espírito precisa ser mudado, talvez relute em tomar decisões e elaborar seu plano de ação para esse fim. Alguns de nós reagimos à necessidade de mudança com medo, confusão, apreensão, dúvida em relação a nós mesmos, temor, preocupação, fúria e um amplo leque de outras emoções. Às vezes também surgem anseios ou excitação, uma sensação de alívio iminente. Você pode estar adiando o momento de definição mantendo-se ocupado, sendo especialmente agradável com os outros – tudo para evitar que esse momento chegue. Talvez se torne mais ríspido do que o normal, fique triste, perca a paciência ou sinta pouca energia.

Nesse momento, com certeza você deve pensar nos outros, mas antes de mais nada cuide de si mesmo. Os empregadores podem encorajar a abertura em relação a horários rígidos e à carga de trabalho, mas os indivíduos precisam assumir responsabilidade pessoal pelo equilíbrio entre vida e trabalho. Isso significa, por exemplo, manifestar-se quando as expectativas e exigências no trabalho são excessivas. Mais à frente, neste livro, examinaremos detalhadamente a importância da saúde e do bem-estar. Nesse meio tempo, se você não está respeitando, valorizando nem cuidando de si próprio, não será capaz de fazer o mesmo pelos outros sem sentir ressentimento, ciúme ou raiva. Se no fundo está pensando que as coisas precisam mudar, mas ainda não descobriu como, tudo bem – você está no momento certo de decidir algumas mudanças.

■ Vire a própria mesa

Você se pega dizendo coisas como...

- Nos próximos meses começarei a procurar um emprego menos estressante.
- Quando terminar este projeto, terei mais tempo para meus amigos.
- Ficarei satisfeito quando cumprir meus objetivos.
- Assim que perder peso, vou começar um curso de ioga.

Se isso lhe soa familiar, pergunte-se o que realmente está esperando. Identifique as razões pelas quais está tão relutante em encarar seus medos ou a realidade. Comece a descobrir como poderia ser mais proativo, dar a si mesmo permissão para diminuir o ritmo e passar algum tempo com seus amigos e sua família – enfim, qualquer coisa que você deva fazer.

Antes de mais nada, respire fundo algumas vezes e, enquanto expira, relaxe qualquer tensão existente em seu corpo – distenda de verdade o abdômen, o peito, a área do pescoço e da cabeça. Então solte tudo. Solte o ar e, enquanto expira, solte também toda a tensão de pés, pernas, abdômen, nádegas, peito, braços, costas e pescoço. Sinta até os espaços em sua cabeça. Agora, imagine-se exatamente como quer ser. Feche os olhos por alguns segundos e veja-se, em tamanho natural, olhando, conversando, andando, interagindo – exatamente do jeito que deseja ser. Entre nessa imagem e veja tudo com os olhos dela, ouça com seus ouvidos e veja como isso é bom. Diga a si mesmo:

- Estou procurando ativamente um modo de me sentir menos estressado.
- Valorizo meus amigos, e vê-los é uma prioridade em minha vida.
- Acredito que há coisas mais importantes na vida do que ganhar mais dinheiro.
- Eu me exercito porque isso me deixa em forma e saudável.

■ Identifique suas prioridades

Pode parecer que, para progredir na busca de equilíbrio, você precise ficar em estado de alerta, pronto para tomar uma decisão e agir imediatamente. Às vezes, entretanto, questões mal resolvidas exigem que você examine honestamente quais são suas verdadeiras prioridades, e então descobrirá que nem toda mudança exige grandes movimentos. Na verdade, você pode adotar uma ação positiva fazendo pequenas mudanças, que terão grande impacto em seu senso de equilíbrio como um todo. Por exemplo:

- Reconhecer que o desejo de deixar o emprego pode, na verdade, ser uma reação exagerada ao fato de que você se sente completamente oprimido diante do excesso de trabalho e não tem nenhum tempo para si mesmo. Você não poderia fazer pequenas mudanças, como planejar o tempo para lidar melhor com o trabalho, levantar a questão da carga excessiva com seu empregador e reservar mais tempo para passar com seu parceiro, sua família e seus amigos?
- Admitir que você está irritado e estressado, e que isso explica por que se sente perseguido, uma verdadeira vítima. A resposta pode não ser um pedido de transferência, e sim examinar a situação honestamente e conseguir ajuda. Dessa forma, você pode começar um programa de exercícios para lidar com seu nível de estresse, fazer um treinamento para melhorar seu desempenho ou ainda iniciar uma terapia.
- Entender que seu desejo de ter um caso extraconjugal pode ser uma fuga para não encarar os motivos de sua insatisfação nem o que está errado com seu casamento. Talvez, ainda, você esteja entediado no trabalho.

■ Use o tempo de que precisar

Muitas grandes decisões podem levar tempo para ser tomadas. Elas nos levam a uma fase de transição: a cortina se fecha para que o palco seja preparado para uma nova cena. Às vezes, quando decisões importantes precisam ser tomadas, não há nenhuma adrelina, nenhuma excitação: em vez de se sentir proativo e resoluto, você pode ficar confuso e sem objetivos. Freqüentemente surge um sentimento de culpa por estar desperdiçando tempo e revolvendo sempre os mesmos argumentos, mas existe uma probabilidade de que muitas coisas estejam acontecendo dentro de você. Pode haver muito trabalho interior que precisa fazer para provocar a mudança necessária ou desejada.

Você pode se permitir relaxar um pouco porque está fazendo algo – reflete, desenvolve idéias e trabalha duro com seus sentimentos e pensamentos. Você se prepara, encontra recursos, faz contatos, planeja encontros e organiza o que é preciso para estar pronto na hora certa.

Você talvez não queira desistir de áreas de sua vida que acredita ter funcionado bem mesmo sem muita atenção de sua parte – uma relação ou um casamento aparentemente bom, por exemplo. E também existem áreas às quais você não tem dedicado energia recentemente – talvez, um sonho antigo com o qual pode ter se desencantado, mas ao qual ainda se agarra. Livre-se disso e concentre-se no presente.

■ Aproxime-se da mudança

Mudar de carreira, de parceiro ou efetuar qualquer outra grande transformação em sua vida significa fundamentalmente mudar a si mesmo. Pode significar, por exemplo, fazer um esforço consciente para abandonar uma situação na qual não está utilizando suas habilidades nem seus talentos, libertando-se do conforto aparente e apostando que é capaz de coisas maiores. Pode significar mudar para outro país, onde haja desafios e grandes oportunidades. Pode dar a entender que você está cansado de se forçar e quer passar mais tempo dedicando-se à sua família. Pode significar liberar-se de sua fantasia com relação a alguém, seu sonho com relação a si mesmo, sua crença em outras pessoas, velhos relacionamentos, papéis e padrões que na verdade não funcionam mais para você. Se algo em sua vida o esgota em vez de lhe dar energia, estímulo, apoio, encorajamento e alimento, isso significa atraso. Só você sabe avaliar essas circunstâncias. Pense nisso no contexto das seguintes situações, relativas ao equilíbrio entre vida e trabalho:

Trabalho/casa/família/amigos: você acha mais difícil negligenciar seu trabalho do que dizer "não" à sua família? Você está perdendo boas ocasiões de ficar com seu parceiro, seus filhos, amigos ou pais idosos?

Trabalho/relacionamento: está cansado de ser solteiro? Seu relacionamento está ameaçado porque o trabalho domina sua vida e você não consegue ter tempo nem espaço para o parceiro?

Trabalho/diversão: seu trabalho domina sua vida a ponto de você ter abandonado *hobbies* e interesses, não ter tempo nem para se matricular em cursos e muito menos para viajar no fim de semana?

Sonhos/realidade: você tem uma visão de si mesmo, de seu futuro ou de sua situação que se choca com a realidade? Quais são as diferenças? (Você vê a si mesmo num relacionamento, como pai ou mãe, como esportista, como dono de uma casa, vivendo em outro país, viajando, apresentando-se em um palco ou trabalhando numa ONG que ajude pessoas?)

Saúde e bem-estar/energia baixa: você está fora de forma ou descontente com sua saúde? Quais são os sintomas? Eles poderiam estar ligados à forma com que você se cuida?

Riqueza/dívidas: seu novo projeto de negócios representa um risco financeiro alto? Você está sempre lutando para sobreviver financeiramente? Existe outra forma de analisar o que faz, como trabalha e como gasta seu dinheiro? Você não pode baixar seu padrão de vida?

Trabalho/desemprego: procure soluções para continuar motivado e equilibrado. Use o desemprego como uma oportunidade de se avaliar.

Aspirações/idade: existe discrepância entre sua idade e seus sonhos? Você precisa rever, planejar seus objetivos ou reconhecer que agora pode ser o momento de realizar certas idéias, ambições, necessidades práticas?

■ O momento é agora

O tempo necessário para reconhecer que uma importante decisão precisa ser tomada pode ser mais longo do que você pensava no início. Um período de seis meses a três anos é normal, mas tomar uma decisão sobre mudança de carreira ou de estilo de vida talvez demore até dez anos – ao cabo dos quais a oportunidade pode ter passado e você pode ter perdido o momento certo! A situação das pessoas varia muito, algumas são mais complexas que outras. Algumas pessoas precisam de tempo para refletir sobre sua posição atual. Elas têm idéias e noções incompletas de como se tornar diferentes, do que poderiam fazer, de como seu trabalho ou estilo de vida está superado, de como está superado também o papel que desempenham em relação ao que sentem e do que precisam fazer.

Você está passando por um período difícil de sua vida porque quer fazer mudanças mas não sabe onde, como nem quando começar? Talvez haja tantas opções que você não pode decidir-se por uma, já que nenhuma lhe parece contemplar uma grande paixão nem uma opção muito prática. Se esse é o caso, você precisa cavar um pouco mais fundo para descobrir o que na verdade quer – mas ainda não tem idéia do que seja. Dê um passo rumo ao desconhecido e comece a lhe dar forma e contornos. Faça algo e experimente as possibilidades que primeiro devem ser exploradas. Só por perceber a maneira como se sente, o que faz e o que os outros fazem, você já chega mais perto da mudança. Você também se aproxima da mudança quando se compromete com ela. Isso pode parecer um grande passo, mas é verdade – se você se aproximar mais e se comprometer com algo que não está funcionando, dará uma chance a essa situação e saberá mais cedo se vai funcionar porque tem a ver com o seu objetivo.

A mudança significa:

- renovar e mudar prioridades;
- mudar sua programação;
- comunicar-se com os outros;
- levar em conta as dificuldades alheias;
- mudar seu comportamento.

Seu velho "eu" estará mudando quando você imprimir seus valores a sua vida e seu trabalho, à forma como vê a si mesmo e aos outros, às mudanças de suas crenças e regras de vida. Suas velhas crenças vão sendo examinadas, descartadas, substituídas, atualizadas. Esse é um processo lento e, embora você precise estar preparado para a mudança, também é importante ter tolerância consigo mesmo enquanto experimenta coisas que talvez não funcionem imediatamente. Será também preciso ser resistente para continuar tentando algo que o leve em direção ao objetivo desejado.

Se você tiver sorte, poderá obter um período para descobrir o que deseja fazer – um curso de três meses na área em que gostaria de trabalhar, longas férias de verão nas quais terá tempo para si mesmo, um retiro de meditação ou férias com uma atividade planejada para renová-lo e revitalizá-lo, como ioga ou *tai chi chuan*. Se foi demitido, mas tem reservas financeiras para um ano, pode tirar os seis primeiros meses para pensar, relaxar e se recuperar antes de se lançar nas oportunidades de recolocação ou na abertura de um negócio.

Todo mundo precisa de tempo para pensar, sem telefones, *e-mails*, TV nem conversas. No final de um curso de quatro dias, costumo oferecer a meus clientes um quinto dia de silêncio. É um dia para se aquietar, deixar a poeira baixar e pensar – um dia de incubação e integração. Normalmente a reação dos organizadores que agendam o curso é: "Nosso pessoal não vai gostar disso, eles são muito ocupados" – mas os alunos adoram.

Se você precisar tomar uma decisão importante e já tiver sentido muita angústia, isso significa que está levando a sério uma decisão séria. Você está corajosamente notando o que precisa ser notado e se prepara para romper o impasse e fazer as mudanças necessárias.

■ Transições – todos nós passamos por elas

As transições freqüentemente se caracterizam por períodos inférteis e improdutivos, que podem ser perturbadores, confusos, obscuros, nos quais faltam informação e evidências sólidas suficientes para que possamos avançar. As transições testam nossa fé. O que ajuda bastante é utilizar sua intuição, sua reação emocional mais profunda, assim como sua racionalidade – mas isso não é fácil se elas parecem estar dizendo duas coisas diferentes. Talvez você esteja ousando sonhar de novo, pensando em viver a vida de forma diferente, em achar novas formas de trabalhar, interagir de outra maneira, ter amigos diferentes e passar seu tempo fazendo outras coisas. Você pode estar vagando de identidade em identidade, entre seu "eu" superado e a idéia incompleta do futuro "eu". Se isso descreve seu estado de espírito, você sentirá o incômodo dessa dissonância, e vai desejar aliviá-lo.

Às vezes algo dá a você uma perspectiva diferente do problema e mostra o que pode acontecer se continuar sem fazer nada. Virá então o momento no qual você entenderá de forma decisiva o que está acontecendo. Mas até esse momento, enquanto você estiver em transição, é bom saber que não pode fugir das dificuldades nem passar por cima da atual situação – você vai ter de continuar em uma aparente terra de ninguém. Isso pode ser particularmente difícil se você for decidido, impaciente e bem-sucedido e estiver acostumado a tomar para si riscos calculados, assumindo o controle e mostrando claramente quem é. Neste momento, é melhor aceitar que os próximos acontecimentos ainda estão em gestação e que é preciso tempo para criar uma nova persona e desenvolver as condições certas para emergir.

■ Todo fim é um começo

Nesse meio tempo, provavelmente há coisas que você precisa terminar, pontas soltas a ser amarradas, encerramentos pelos quais precisa passar. Existe uma tendência a evitar a experiência completa, a sair de fininho pela porta de trás e perder o *grand finale*. Você precisa dedicar tanta energia ao bom desfecho das coisas quanto à análise de diversas alternativas. Estar inteiramente presente no processo de conclusão pode ser difícil, mas vale a pena. Uma boa conclusão é definida por seus valores, pela ética e pelo fato de ter sido bondoso e compassivo consigo mesmo e com os outros, dando espaço para os acontecimentos.

A indecisão que acompanha a mudança pode ser frustrante, e você talvez se incline a apressar as coisas. Por favor, seja cuidadoso em momentos como esse de forma a evitar situações para as quais você pode não estar pronto. Enquanto faz experiências com sua nova persona, você se coloca em situações que podem prejudicá-lo, pois não conhece esse novo ambiente. Todos cometemos erros ao começar algo novo. Tome cuidado para não se machucar nem aos outros. Às vezes, quando tomamos uma grande decisão, podemos nos sentir um tanto arrogantes com toda a excitação que a cerca. Mais uma vez, isso tem a ver com o encontro do equilíbrio em cada situação. Pergunte a si mesmo: "Como posso ser eu mesmo enquanto experimento esse novo 'eu'?" Se você encontrar dificuldades, procure alguém em quem confie para conversar sobre o assunto. Se passar por situações críticas com alguém, uma boa conversa imediata ajuda a esclarecer o problema em vez de deixá-lo sem resolução.

Em períodos de transição, somos obrigados a lidar com dificuldades que testam nossa maturidade e disposição para ir em frente. Por exemplo: você foi impedido de fazer algo, criticado, levou uma bronca ou recebeu uma reação áspera? Se for assim, tente se acalmar e examinar a situação. Note suas reações e se conscientize de como elas podem mostrar um padrão ou apontar uma lição a ser aprendida. Pergunte a si mesmo: "Que tipo de pessoa eu quero me tornar? Gosto de mim mesmo? Vou continuar gostando de mim se fizer isso? A pessoa que eu mais respeito e admiro me respeitaria e admiraria por fazer isso?" O desfecho pode ser importante, mas também é importante a forma como você lida com a situação. Aprender com a experiência é o que realmente importa, mais do que sair dela triunfante ou aparentemente vencedor. Essa é uma habilidade muito importante na vida, que você deve desenvolver.

Desenvolva habilidades e recursos essenciais

Capítulo 5

Habilidades e
estratégias de vida

- Descubra sua força interior
- Tenha um ponto de vista equilibrado
- Aumente seus recursos
- Cultive uma atitude positiva

Examinamos anteriormente a necessidade de rever e renovar atitudes superadas e nossas regras de vida. O próximo passo é aprender, desenvolver e praticar habilidades de vida – recursos essenciais que podem ajudá-lo a avançar em direção ao equilíbrio entre vida e trabalho apropriado para você. Essas habilidades e estratégias aumentarão seu bem-estar e o levarão a ter mais controle sobre sua vida e a se tornar mais capaz de lidar com desafios e obstáculos inesperados. Elas lhe darão os recursos de que você precisa para resolver completamente situações estressantes e difíceis e sair delas sentindo que se comportou de acordo com seus valores. Todos nós temos reservas inexploradas de força interior que podemos expressar por meio dessas qualidades – só é preciso alguma prática. À medida que você desenvolver essas habilidades, descobrirá que sua busca de equilíbrio está se tornando reveladora.

■ Coragem

Coragem é uma habilidade vital para romper ciclos negativos e tomar decisões. É uma habilidade prática e cotidiana para praticar sempre que precisar fazer algo que resulte em uma situação melhor ou em um tipo de solução que fará você e outras pessoas se sentirem melhor. A maioria, de vez em quando, se sente hesitante e medrosa – isso é natural, e não sinal de fraqueza. Você pode começar com algo muito pequeno, como mandar de volta uma xícara de café frio em um restaurante.

Comece com algum desafio modesto e note como essa habilidade cresce. Exercitar a coragem pode significar, por exemplo, tomar uma posição que você considera ética em certas questões mesmo que contrarie a "opinião pública", talvez assumir uma atitude que considera humana e correta quando os outros estão cedendo ao preconceito ou ainda fazer o melhor possível em face da dificuldade, de um obstáculo ou de uma provação.

Em que situações você mostrou coragem no passado? Relacione-as e mencione todas as vezes em que surpreendeu a si mesmo. Você precisará de uma caneta e de papel para isso. Tente listar vinte situações, não importa quão triviais lhe pareçam. Anote-as todas, com quantos detalhes quiser.

Agora olhe para sua lista. No momento, você precisa adotar ações específicas para encontrar sua coragem. Se existe, por exemplo, uma situação com a qual você precisa lidar ou uma pessoa com quem precisa conversar, não seria necessário um treinamento específico, aulas de autodefesa, um curso de oratória? Em que aspecto de sua vida você precisa de mais coragem neste exato momento?

■ Perspectiva

Ter, conquistar e manter um senso de perspectiva ao longo do tempo é crucial para ajudá-lo em tudo o que você vivencia. Não importa o que estiver acontecendo em seu trabalho ou em sua vida, só há uma forma de enxergar a situação. Você pode lidar com ela, seja qual for, mudando um pouco sua perspectiva.

Respire e relaxe. Pense em alguém de quem você gosta e a quem admira – talvez um de seus heróis, talvez um parente já falecido, seu melhor amigo ou um mentor muito querido. Imagine-o à sua frente, entre na imagem dele e veja a partir de seus olhos a situação. Ouça o que ele diz e a maneira como diz. Normalmente, a perspectiva nos permite entender, sentir empatia, ver o lado bom e o ruim sem fazer julgamentos, ajustar-nos, adaptar-nos ou relevar de forma compassiva.

Você tem perspectiva quando pode distanciar-se do presente e enxergar a situação através do tempo e quando pode aprender com o passado e imaginar o futuro. Você também demonstra ter perspectiva ao sentir empatia e ver as coisas do ponto de vista de outra pessoa. Se você vê regularmente seus amigos, convive com vários tipos de pessoa e tem uma visão ampla do que acontece em redor, isso aumentará sua perspectiva e lhe dará uma visão mais equilibrada.

Já se descobriu que ter uma perspectiva temporal equilibrada é um recurso psicológico essencial, que fará com que você supere bem tempos difíceis.

O foco e a perspectiva que aplica a sua situação alteram radicalmente seus sentimentos a respeito dela e tornam mais fácil manter o senso de imparcialidade. Como diz o ditado – e confirma a experiência –, se você mudar o jeito de ver o mundo, o que vê também mudará.

Você está bem concentrado em tudo o que faz no momento, uma coisa de cada vez? Está sendo criativo na forma pela qual vê a situação, usando pontos de vista diferentes com o passar do tempo e levando em conta as perspectivas de outras pessoas?

Pense naquilo que o preocupa.

Imagine que dois anos se passaram. O que pensa agora em relação a isso? Como se sente agora em relação ao assunto?

Pense em você mesmo como uma criança e mantenha esse olhar infantil enquanto enfrenta a situação. Pergunte à criança o que ela pensa e sente. De que forma sua perspectiva mudou?

■ Otimismo e positividade

Otimismo é um fator de enorme importância para determinar se alguém encontra satisfação na vida. Pessoas otimistas esperam, procuram e trabalham pelo melhor, avançando em direção ao futuro. Elas vêem os aspectos positivos e humorísticos da maior parte das situações. Assim, conseguem superar tempos difíceis mais facilmente do que as pessoas que se concentram nos aspectos negativos da mudança, e não em suas oportunidades.

Algumas pessoas nascem otimistas, mas essa também é uma habilidade que você pode aprender e pôr em prática. Examinamos anteriormente como a recomposição o ajuda a cultivar uma atitude otimista e positiva. Portanto, use os exercícios desse trecho para aumentar essa qualidade e obter um estado de espírito positivo.

Pense sobre o que você já realizou até agora e lembre-se das habilidades e recursos que acumulou durante sua vida. Ao apreciar seus pontos fortes, as situações que já superou, os desfechos positivos do passado, você pode transportar para o presente um pensamento otimista sobre si mesmo e suas competências.

Pergunta: você vê o copo meio cheio ou meio vazio? Você acha mais fácil concentrar-se no que não está certo ou naquilo que está? Você precisa começar a reformular algumas de suas percepções para aproveitar a vida e ajudar as pessoas mais próximas a fazer o mesmo?

Com exceção de algumas coisas realmente difíceis na vida, como a morte de um filho ou de uma pessoa amada, freqüentemente você pode achar aspectos positivos em qualquer situação. Reflita. O que está enfrentando, neste exato momento, que o ajuda a crescer, a descobrir algo – que, enfim, acaba por ser positivo?

■ Inteligência e habilidades emocionais

Recentemente, muito trabalho foi desenvolvido para entender o impacto daquilo que hoje chamamos de inteligência emocional – um termo popularizado por Daniel Goleman na década de 1990. Basicamente, a inteligência emocional envolve a autopercepção, a gestão de seus humores e a habilidade interpessoal de entrosar com uma ampla variedade de pessoas e seus diferentes estados de espírito.

Se você tiver inteligência emocional bastante desenvolvida, entenderá bem a si mesmo e ficará à vontade para identificar suas forças e fraquezas. Você poderá conscientemente escolher seu comportamento. Saberá entender e influenciar os humores alheios. Qualquer um que trabalhe ou viva com outras pessoas usa a inteligência emocional para ter boas relações, comunicação e interação.

Habilidades emocionais e sociais são de importância crítica na busca da realização e um recurso essencial para encontrar equilíbrio entre vida e trabalho. Habilidades sociais e empatia também podem estar contidas no termo "inteligência emocional", bastante amplo. A capacidade de se comunicar e interagir com os outros de forma bem-sucedida é essencial não apenas em época de mudança mas na vida em geral.

Passar algum tempo cultivando essa importante habilidade o ajudará a:

- Construir confiabilidade e criar relacionamentos respeitosos.
- Desenvolver um repertório maior de habilidades de comunicação.
- Entender que a percepção que os outros têm de você é importante e que é preciso administrar essa percepção e seu impacto.
- Trabalhar para o bem de outros tanto quanto para o seu.

Você costuma evitar a aproximação com as pessoas em sua volta? Como se sente com relação à intimidade, à aproximação e a demonstrações do que está sentindo? Está preparado para falar sobre suas habilidades de relacionamento, trabalhar com elas e desenvolvê-las? Você tem saído o suficiente? Precisa alargar o leque de pessoas com as quais convive? (Se você, por exemplo, é contador e convive apenas com seus colegas, pode valer a pena tentar algo completamente diferente, como aprender *aikido* ou se oferecer como voluntário para algum trabalho ecológico.)

Elabore uma carta para alguém que teve grande influência positiva em sua vida. Escreva para lhe agradecer, usando a linguagem mais descritiva possível, e conte a ele (ou a ela) o efeito que teve em você.

Reserve algum tempo para refletir. Depois, agende e organize um compromisso extra – encontrar um velho amigo ou passar a reunir-se com uma nova pessoa ou grupo. Faça as duas coisas na mesma semana e note como esse equilíbrio faz bem a você.

■ Fé e esperança

Às vezes, é preciso assumir riscos. Ninguém nunca está completamente pronto para isso – pode ser necessário um ato de fé. A fé está relacionada ao uso de nossas forças como virtudes, ao serviço de algo maior e mais duradouro do que nós mesmos como indivíduos. Se você tem fé, talvez se descreva como uma pessoa religiosa ou espiritual. Talvez goste de discutir sua filosofia particular de vida ou se sinta conectado a algo maior do que você mesmo e acredite numa finalidade superior que serve ao bem do universo. Algumas pessoas têm fé apenas em si mesmas e em suas habilidades para ser bem-sucedidas. Onde quer que você encontre fé e esperança, essa é uma qualidade essencial, que realmente ajuda em tempos difíceis, quando é preciso tomar decisões ou quando enfrentamos as grandes questões da vida que envolvem perda.

Você ainda está vivendo no passado? Sua mente está aberta e flexível? Ainda se agarra a um sonho, um estilo de vida, um papel que está bloqueando seu progresso? Pensa o suficiente em possibilidades alternativas? Você tem novos sonhos e acredita que possam existir caminhos para atingir esses objetivos? Você pode se motivar a seguir esses caminhos? Você vive sua fé?

■ Sua atitude em relação ao trabalho

Muitas vezes já ouvi esta frase irônica: "Ninguém nunca disse, em seu leito de morte, que gostaria de ter passado mais tempo no escritório". Numa época em que o equilíbrio entre vida e trabalho está em questão, essa pode parecer uma afirmação razoável. Algumas pessoas, entretanto, embora passem muito tempo no trabalho, na verdade não se concentram o suficiente para dar o melhor de si. E como resultado disso vão para casa cansadas e apáticas. Enquanto está no trabalho, experimente a estratégia de permanecer mais conscientemente ali e dar sua contribuição. Você pode ficar surpreso com as mudanças resultantes.

Se você tem a sorte de gostar ou até amar o trabalho que faz, certamente reconhecerá essa sorte. Se está contente com outras áreas de sua vida, você pode ser alguém que faz o trabalho que outros não apreciariam – a vida tem a ver com equilíbrio. Encontrar o equilíbrio o ajudará a se manter concentrado, diligente e capaz de trabalhar com boa vontade, seja qual for sua ocupação.

Você tem objetivos importantes no trabalho? Você os atingiu e se pergunta o que fazer agora? Você não ousou ou não se incomodou em ter esses objetivos? Eles o estão derrotando? Você está estagnado naquela visão fora de moda e negativa do tipo "só trabalho para pagar as contas"? Qual é sua idéia de sucesso? Você pode dizer em que aspectos sua vida e seu trabalho são bem-sucedidos?

Lembre-se de seu último dia de trabalho – como teria sido se você tivesse começado com o pé direito, se tivesse dado o melhor de si? Reflita sobre o próximo dia de trabalho, planeje e visualize como você vai dar o melhor de si mesmo nesse dia. Comprometa-se com isso.

Pergunte a si mesmo: "Se eu pudesse mudar uma coisa em mim mesmo que fizesse diferença em meu trabalho o que seria?" Talvez você possa mudar alguma coisa na vida pessoal e outra no trabalho. Talvez você precise se reexaminar e estabelecer um novo objetivo – ousado, porém possível. Programe o tempo necessário para atingi-lo, escolha os passos necessários para sua realização. Anote tudo isso e coloque em lugar bem visível.

▪ Honestidade

Um velho adágio, em geral verdadeiro, diz que "a honestidade é a melhor política".

Ao dizer a verdade e nada mais que a verdade, você se revela genuíno e se apresenta como realmente é: verdadeiro e fiel consigo mesmo. Mas será que também é honesto consigo mesmo em seus relacionamentos, no que sente em relação às pessoas que trabalham com você? É muito fácil negar que existe em nós mesmos aquilo que vemos como negativo ou não gostamos nos outros. Pode ser difícil ver as coisas como realmente são se você prefere acreditar na própria versão do que está acontecendo. Mais uma vez, volte às suas regrinhas de vida e reflita na forma como idéias, preconceitos, padrões e hábitos podem estar atrapalhando a honestidade.

Você está evitando ser honesto consigo mesmo porque aparentemente não acha tempo nem espaço, muito menos recursos para lidar com o que pode descobrir? Você não está sendo honesto com os outros por medo das repercussões, porque não quer feri-los, por receio de conflito ou mudança? Com quem você não está se comunicando nem conversando abertamente?

Pense em alguém com quem não se sente à vontade no momento, pense na maneira como isso está afetando seu progresso na busca de equilíbrio entre vida e trabalho. Como pode ser mais honesto com essa pessoa? Qual será seu primeiro passo? Dê esse passo agora.

■ Perseverança e compromisso

Se tem as qualidades da perseverança e do compromisso, você não desiste facilmente e quase sempre termina o que começa. Você é confiável, faz o que disse que faria e muitas vezes até mais. Você fica completamente empenhado e comprometido, e não apenas envolvido. Essas são habilidades úteis a cultivar, especialmente quando você parte para um novo e arriscado empreendimento ou tenta começar o próprio negócio. Na verdade, qualquer movimento ou mudança, para ter êxito, exige que você comprometa energia e tempo.

Do que você já desistiu? Você pode mobilizar de novo intenções, energia e esforço? Onde precisa aplicar foco, energia e esforço?

Do que você sente falta em sua vida? O que isso lhe dava? Pense em algo que poderia ter sido melhor com um pouco mais de perseverança de sua parte. Como você poderia recriar essa oportunidade ou sentir de novo o que sentia na ocasião? Se você está em uma encruzilhada, comprometa-se mais, chegue mais perto. Pode parecer um contra-senso, mas se você for em frente e fizer isso certamente saberá mais rapidamente se escolheu ou não o caminho certo.

■ Compaixão

Cuidar de si mesmo e dar atenção às suas necessidades é o começo do equilíbrio. Normalmente vemos a compaixão como algo que temos pelos outros, mas se você realmente se cuidar saberá que precisa também ser compassivo consigo mesmo para atingir seus objetivos.

A compaixão é essencial se você está preparado para encarar a realidade. Se você insiste numa atitude que não dá nem nunca deu bom resultado, isso significa apenas que sua insistência jamais terá bom resultado. Às vezes, mesmo com a melhor das intenções e muito esforço, uma situação continua estagnada ou não se decide por falta de recursos ou devido a condições erradas.

Devemos saber quando é preciso abandonar algo e reconstruir, reformular, encontrar outro plano ou caminho adiante. Em situações desse tipo, a compaixão por si mesmo é essencial para se libertar e ceder espaço à renovação, para perdoar a si mesmo e a qualquer outra pessoa envolvida, para se conceder permissão e improvisar um pouco até que as coisas voltem ao normal. A compaixão o ajudará a tomar uma nova direção, a ser tolerante com os próprios erros. A energia da compaixão o encorajará a libertar-se de sonhos, idéias, planos, visões, relacionamentos, bloqueios e padrões de comportamento superados, que não funcionam mais para você.

Respire fundo, expanda seu abdômen. Encha abdômen, pulmões, peito e pescoço de ar e relaxe de todas as tensões quando expirar. Faça isso de novo – inspire fundo, até o abdômen, através do peito, até a nuca e a cabeça. Quando você expirar, liberte-se dessas coisas.

Agora, pergunte a si mesmo:

◆ Por que e de que preciso me perdoar?
◆ De que preciso me libertar?
◆ O que preciso perdoar nos outros?

■ Inteligência prática

Senso comum e boa capacidade de resolver problemas são grandes habilidades de vida. Elas podem fazer diferença real na hora de atingir seus objetivos. Você tem inteligência prática se costuma examinar seu coração e sua cabeça antes de tomar uma decisão e se tiver entusiasmo e for cheio de recursos para resolver problemas. Outro exemplo de inteligência prática é a astúcia política – ter consciência dos objetivos, perspectivas e pontos de vista dos outros. Ter bom julgamento envolve a exploração da própria visão interior e a capacidade de ouvir os outros.

Comprometa-se a usar o resto do dia para fazer duas coisas: ser paciente e manter o foco. Envolva-se totalmente, conscientemente, em tudo o que fizer, concentrando-se em uma coisa por vez, dedicando-lhe o melhor de seu tempo. Faça o que for preciso para obter um espaço onde possa se concentrar. Se você for interrompido, relaxe, seja paciente. Note como as coisas ficam mais fáceis, quanto consegue fazer e como a vida parece mais calma.

Enquanto se prepara, faça algumas visualizações. Você pode achar que isso não tem nada a ver com inteligência prática, mas o ajudará a permanecer calmo, paciente e concentrado se você tiver dificuldade de chegar a esse estado de espírito. Imagine um belo local, um cenário bucólico – talvez um lugar que você já visitou. Contemple todo o panorama, sinta a brisa e o sol em seu corpo, os aromas da natureza em sua volta e ouça os sons. Nesse maravilhoso local, você vê alguém que parece radiantemente feliz e sábio, como se tivesse vivido milhares de anos sem envelhecer. À medida que o vê mais de perto, percebe que essa pessoa é você – o você real, sua essência, sem nenhum papel nem máscara. Esse é seu eu sábio e belo, e você se apaixona por essa pessoa. O que vê nela, quais são suas qualidades? O que essas qualidades lhe dizem sobre sua vida neste momento? O que lhe contam sobre seus recursos, suas forças e a maneira como pode sair dessa situação?

■ Administre seu humor e sua motivação

A boa administração do humor é parte fundamental da maturidade, além de tornar-se um vaticínio de sua qualidade de vida quando envelhecer. Se você deseja influenciar as pessoas com quem vive e trabalha, aprenda primeiro as habilidades envolvidas na administração de si mesmo. No mundo corporativo, os líderes estão sendo avaliados pelo alto índice de inteligência emocional – pois a IE, como é chamada, tem efeito efetivo e duradouro nos resultados reais, às vezes dobrando ou até triplicando a produtividade. Um estudo feito entre seguradoras americanas mostrou que as mais bem-sucedidas (de acordo com o crescimento e os resultados) tinham um diferencial crítico: as equipes de direção eram capazes de criar um clima positivo por meio da gestão de seus humores e suas emoções. A percepção que você tem das coisas é radicalmente alterada por seus humores. Qualquer teste psicológico de projeção – como observar figuras de formas diferentes – lhe mostrará que você vê o que sua mente quer ver. Em outras palavras, o que você vê é, antes de mais nada, uma representação do que está sentindo.

Esses conceitos mostram teoricamente o que pode ser confirmado pela experiência – se você está aborrecido, não conseguirá se entrosar bem com os outros. E, como qualquer pessoa que já se sentiu infeliz pode confirmar, isso também prejudica sua capacidade de entender claramente as situações e as outras pessoas. Você pode contagiar os outros com seu humor, em casa ou no local de trabalho, sem dizer uma só palavra! Já foi dito que até estranhos podem transmitir sua disposição a outras pessoas – mantendo uma postura corporal e a expressão do rosto passivas, mas também sem dizer uma palavra. Se há raiva, irritação e desânimo entre colegas de escritório, isso afetará a todos com intensidade variável.

Qualquer indivíduo que pretenda influenciar as pessoas em sua volta pode aprender uma habilidade útil entendendo como seu estilo emocional influencia os outros. A base da inteligência emocional é o autoconhecimento, o cultivo da autoconsciência. E sua autoconsciência já está aumentando apenas por trabalhar com este livro.

Parte da inteligência emocional tem a ver com auto-regulação – ou seja, a forma como você se disciplina para reformular situações – e usa seus pontos fortes e valores para controlar e redirecionar impulsos inoportunos, humores e hábitos. Manter sua motivação é crucial para gerar humor e clima positivos nos outros.

- ◆ Onde você acha inspiração?
- ◆ Quem você considera inspirador?
- ◆ Quando foi a última vez que alguém inspirou você? Quem era essa pessoa? (Diga isso a ela!)

- Que lugares você acha estimulantes? Repousantes? Calmantes? Inspiradores?
- O que você pode planejar para cercar-se das coisas que o revigoram? Onde? Com quem? Quando?

■ Administre suas emoções

A forma com que você fala consigo mesmo quando está em uma encruzilhada, uma situação difícil ou uma crise é fundamental para emergir do outro lado do processo e para o tempo necessário para completá-lo. O processo de enfrentamento AMULET* é um recurso que você pode usar a qualquer momento para treinar a si mesmo em uma técnica eficaz que o ajudará a avaliar uma situação e trabalhar para sua resolução. Pense nele no contexto de uma situação passada para ver de que maneira poderá ajudá-lo a entender clara e plenamente a situação.

Existem seis passos no processo AMULET de conversa consigo mesmo:

1 Aceite o que aconteceu.
2 Mude para o pensamento racional.
3 Use a recomposição para extrair algo positivo da situação.
4 Lembre-se do que existe nessa situação que realmente o perturba.
5 Encoraje-se a ser compassivo.
6 Tome algumum tempo para fazer algo agradável.

---

* "Amuleto", em inglês. [N. T.]

Passo 1: Aceite o que aconteceu

Dê a si mesmo permissão para sentir o que está sentindo. Evitar o mal-estar, empurrar a sujeira para debaixo do tapete, evitar o assunto, expulsar o problema de sua mente ou pensar que pode controlá-lo pode parecer uma boa forma de não se perturbar, que no entanto raramente é eficaz no longo prazo. É melhor simplesmente admitir o que você sente: "Isso é terrível, mas aconteceu. É normal sentir-se assim. Anormal seria não achar isso terrível".

Passo 2: Mude para o pensamento racional

De tempos em tempos, todos nós reagimos a algo de determinada forma para mais tarde descobrir que fizemos uma idéia errada da situação e que todo o problema foi causado por nós mesmos. Da mesma forma, você alguma vez já enfrentou um problema e ficou surpreso com a própria reação? Uma técnica útil que deve ser praticada é a "conversa consigo mesmo para ouvir e se acalmar". Assim você poderá identificar o que diz a si mesmo em situações difíceis e falar de forma calma para influenciar seus sentimentos e suas ações mais positivamente. Pense nas vezes em que reagiu com exagero ou depressa demais – você estava sendo racional, exagerando ou preenchendo as lacunas da situação com sua versão e suas ansiedades? Preste atenção naquilo que mexe com você e trabalhe com isso.

Falar consigo mesmo para acalmar-se significa, antes de mais nada, tranqüilizar-se, respirar fundo duas ou três vezes, relaxar, concentrar-se. Depois você diz a si mesmo como pode enfrentar a situação usando afirmações simples e verdadeiras como "eu enfrentei a situação e portanto posso dar um jeito nisso" ou declarações auto-afirmativas como "eu posso fazer isso". Talvez seja útil pensar no que gostaria de fazer ou no que pretende e deve fazer. É nesse ponto que você precisa juntar suas energias e usar um pouco de autodisciplina para recobrar o controle e pensar de modo racional, realista e construtivo.

Pergunte a si mesmo:

- Qual é a pior coisa que pode acontecer nessa situação?
- Qual é a probabilidade de que isso aconteça?
- Será que a evidência de que isso pode acontecer não é um tanto escassa? Não estou exagerando?
- O que mais preciso descobrir?
- Quem conheço que já esteve em situação parecida e poderia ajudar-me?
- Estarei imaginando o pior?
- Que outros desfechos existem dessa situação?

Passo 3: Use a recomposição para extrair algo positivo da situação

Isso pode levar algum tempo se você estiver passando por um trauma. Nesse caso pode muito bem ainda estar em choque. Nos primeiros estágios de um evento traumático, a melhor forma de lidar com o choque inicial é se concentrar no bem-estar e na segurança imediatos em vez de tentar lidar com o que aconteceu. Pessoas que sofreram um grande choque muitas vezes dizem: "Eu não consigo acreditar". Sua mente fica desligada por certo tempo, a pessoa "se finge de morta" até se sentir mais capaz de enfrentar o problema. O mais importante é não deixar que esse estágio se prolongue e obter ajuda profissional, se preciso, para gradualmente admitir a realidade dos fatos.

Uma vez que você saiu desse nebuloso estado de incredulidade, é importante achar algo na situação – por mais superficial que pareça no princípio – que possa ser reformulado de forma positiva. Com o tempo, esse aprendizado se torna maior e mais profundo.

Você poderia dizer a si mesmo:

Embora eu nunca tenha desejado isso, o fato me ensinou a... e aprendi uma lição importante com o que aconteceu.

Pergunte a si mesmo o que um amigo cheio de sabedoria pensaria disso e o que diria. Você pode usar essa técnica para ajudá-lo a ampliar sua visão em muitas situações diferentes.

Reserve algum tempo para pensar claramente e encontrar a melhor forma de lidar com a situação imaginando o que de positivo você pode fazer agora mesmo para melhorá-la o máximo possível. Concentre-se ativamente em quaisquer aspectos positivos do cenário que puder criar, mas tenha cuidado para não gerar uma ilusão. É possível manter uma atitude mental positiva se você realmente se concentrar, mantiver o foco e conseguir o apoio de que precisar.

Passo 4: Lembre-se do que existe nessa situação que realmente o perturba

Pergunte a si mesmo o que, na situação que enfrenta agora, realmente o perturba. Se sua reação parece um pouco desproporcional ao que acontece, talvez seja porque algo infringiu uma de suas "regras" ou contrariou seus valores ou suas crenças sobre como as coisas devem ser.

Às vezes essas crenças interferem em sua capacidade de viver a vida que você quer, e isso pode explicar por que reage exageradamente a algo ou não consegue tomar uma decisão importante (isso também pode resultar de crenças conflitantes que competem por sua atenção). Tenha uma conversa útil consigo mesmo especificando seu objetivo e divida a tarefa em pequenos passos. Concentre-se no momento de dar o primeiro passo, depois o próximo. Um passo por vez.

Passo 5: Encoraje-se a ser compassivo

Seja tão compassivo quanto possível consigo mesmo e com os outros. Às vezes, quando algo acontece, a reação automática é culpar a si mesmo em primeiro lugar. Se, por um lado, todos têm de assumir responsabilidades pelo que fazem, isso não é igual a assumir a culpa.

Encoraje-se a ser compassivo:

- Converse consigo mesmo como se estivesse falando com seu melhor e mais querido amigo.
- Seja bom consigo mesmo!

Por outro lado, algumas pessoas estão sempre prontas a tirar conclusões apressadas e culpar os outros em primeiro lugar. Mais uma vez, é bom pensar em responsabilidades. Lançar a culpa nos outros muitas vezes é uma opção fácil, mas pode reforçar a tendência a assumir premissas e fazer julgamentos e finalmente enfraquecer sua resistência. Em vez disso, tente desenvolver a compaixão pelos outros. Se você parar de perguntar por que algo aconteceu e simplesmente aceitar que não há nada que se possa fazer por enquanto, evitará ficar preso em um ciclo negativo. Se você culpar a si mesmo, pode estar personalizando demais a situação. Não importa quanto o problema seja difícil ou complexo: uma pequena mudança de atitude ou comportamento pode ter efeito profundo e amplo não apenas em você como também nos outros.

Passo 6: Tome um tempo para fazer algo agradável

Evite passar muito tempo revivendo um evento ou uma situação. Depois de resolver o que for possível, tente fazer algo agradável para dar uma trégua a si mesmo e mudar sua energia. Distrair-se um pouco vai deixar o ar mais claro e lhe dar algum espaço para ver as coisas sob luz diferente. Transferir seus pensamentos para algo positivo é uma habilidade útil. Diga a si mesmo: "Não há nada produtivo que eu possa fazer neste exato momento para ajudar e nada a ganhar se me sentir cada vez pior. Vou me ajudar fazendo alguma coisa para me distrair, melhorar meu humor e mudar para um estado de espírito melhor para lidar com as coisas mais tarde."

Finalmente, use afirmações que focalizem o que você já realizou e como se sente bem por causa disso. Eleve ao máximo suas chances de sucesso e realização levando em conta o que já resolveu, o que realizou e a forma como emergiu de tudo isso uma pessoa melhor e mais sábia.

■ Confiança

Uma parte importante do autocontrole é a confiança. Confiança é um componente essencial de relacionamentos saudáveis e é relevante para o equilíbrio entre vida e trabalho porque primeiro você precisa confiar em sua capacidade para depois confiar nos outros. Se você emprega ou supervisiona outras pessoas, elas lhe darão o melhor de si mesmas ao sentir que confia nelas para fazer um bom trabalho. Se está tentando atingir mais equilíbrio entre vida e trabalho e quer fazer perguntas a seu patrão sobre horário flexível, precisa mostrar que mesmo nessa situação ele ainda pode confiar em você para mostrar compromisso com seu trabalho e com a organização.

- ◆ Quem o respeita e confia em você?
- ◆ As pessoas próximas lhe dizem quais são seus objetivos mais caros?

- Quem acha que não confia em você e por quê?
- Em quem você não confia e por quê?
- Você suspeita que as pessoas em seu redor têm objetivos secretos?
- Você não acredita que elas sejam honestas e confiáveis?
- Como isso se relaciona com suas regras de vida e seus valores?

A confiança é construída quando você se permite ficar vulnerável. Até que ponto está disposto a ficar vulnerável? Quando você não tem confiança, provavelmente teme ser traído ou faz tudo para evitar ser traído e desapontado (mais uma vez). Você não pode confiar nem transmitir confiança aos outros a menos que esteja:

a) bem consigo mesmo;
b) confiante em si mesmo;
c) convivendo com pessoas cujo código de ética é igual ao seu.

Pergunte a si mesmo que conversas poderia ter e o que poderia fazer para que as pessoas confiassem mais em você.

Todo mundo quer ser respeitado e ter a confiança dos outros. Entretanto, muitos respeitam e confiam apenas em algumas poucas pessoas próximas no trabalho e na vida privada. As condições sob as quais a confiança é gerada são aquelas em que tanto as recompensas individuais quanto as mútuas estão explícitas. Entretanto, quantas vezes nos entrosamos de forma tão honesta? Pense em quantos objetivos gerais e específicos você revela aos outros em seus relacionamentos de trabalho ou pessoais. Em qualquer organização, negócio ou relacionamento, a confiança é algo que você precisa desenvolver para chegar a uma situação em que todos fiquem felizes e sintam que seus desejos e suas habilidades são respeitados.

■ **Considere os outros**

À medida que você fizer mudanças em sua vida, outras pessoas serão afetadas. Elas têm algo investido em você. Talvez lhes interesse que você continue o mesmo ou que mude da maneira que for melhor para elas. Talvez ainda aceitem que você mude do jeito que bem entender. Reúna tudo o que aprendeu até agora sobre si mesmo.

- Quem você tem sido?
- Quem você é agora?
- Quem você quer ser?

Pense nas pessoas de sua vida – família, parceiros, amigos, chefe, colegas, clientes, filhos, vizinhos, freqüentadores de seu clube. Desenhe um mapa que mostre como todos estão conectados a você. Tente colocar-se no lugar deles, veja através de seus olhos como você vai mudar e o que precisa mudar em sua volta. Esteja ciente de quem o apoiará e de quem resistirá e reflita sobre a forma como abordará essa situação.

Baseado no trabalho da psicóloga Janet Reibstein, o modelo a seguir, denominado GIVE-GET*, é uma fórmula fácil de lembrar que se concentra naquilo que faz um relacionamento feliz. Além disso, analisa o que está funcionando e o que requer atenção e oferece sugestões sobre o que pode fazer a diferença nos relacionamentos.

---

* "Dar e receber", em inglês. [N. T.]

Gratidão: reserve tempo para dizer o que você gosta no outro.
Invista em mudanças: diga do que precisa e peça ajuda.
Valores: você precisa estar consciente de seus valores e princípios, bem como dos alheios.
Estime as forças e diferenças um do outro. Aprecie a diversidade.
Generosidade cria generosidade: isso é a reciprocidade nos relacionamentos.
Energize a relação mostrando lealdade, proteção ao outro, confiabilidade.
Tempo: reserve um pouco para o outro dando-lhe atenção exclusiva.

- O que isso lhe diz sobre o estado de seus relacionamentos com pessoas-chave que precisa manter sempre com você? Quando foi a última vez que demonstrou estima? Elas entenderam? O que "deveriam entender"?
- Você está se dando bem ao "provocar mudanças"? Já ganhou coragem para contar a alguém como se sente, o que pensa, do que precisa?
- Você agora conhece seus valores. Acha que as pessoas conseguirão adivinhá-los pela forma com que vem se comportando?
- Que valores as pessoas imaginariam que você tem? Conhece os valores delas?
- Você supõe que os conhece?
- Qual foi a última vez que vocês realmente apreciaram o melhor lado uns dos outros? Como você poderia reproduzir o momento e o contexto?
- Qual foi a última vez que você explicitou, em voz alta, sem ambigüidades, a reciprocidade de seu relacionamento com essas pessoas?

- Que conversas você poderia ter com elas que explicitariam sua co-dependência e a mútua recompensa pelas ações de cada um?
- Elas estão no círculo que goza de sua confiança?
- Você está no delas?
- O que mais você poderia fazer para lhes mostrar sua lealdade?
- Como você poderia cuidar delas, protegê-las um pouco melhor?
- Quando você as vê, qual é a qualidade de sua atenção?
- O que você poderia fazer para dar espaço a elas e lhes dizer que são importantes em sua vida?

Se você está passando por uma transição, fique alerta a qualquer tendência de se isolar. O isolamento torna difícil de pedir aquilo de que precisa, e o perigo é que a outra parte se sinta menos conectada e também com menos obrigações em relação a você. A perda da conexão GIVE-GET (dar e receber) quebra o senso de reciprocidade. Mas, se você enfatizar o GIVE-GET, um senso real de co-dependência entrará em ação e as pessoas se mobilizarão para apoiar – e até mesmo proteger – umas às outras.

Antes de tentar influenciar alguém, esteja certo de que o relacionamento é bom. Para melhorar relacionamentos-chave antes de negociar qualquer coisa, lembre-se de tentar entender em vez de pretender ser entendido. Antes de começar as negociações, faça um esforço para entender a perspectiva, as necessidades e os desejos da outra pessoa. Aqui está algo para ajudá-lo a fazer isso. Pegue uma caneta.

Agora anote numa folha à parte todas as palavras que vierem à sua cabeça quando você pensar na palavra "entender".

Note a variedade das respostas. Se você pedir a outra pessoa para fazer isso e comparar as respostas dela às suas, verá que até mesmo o conceito de entendimento é complexo.

A arte de ouvir

Entender o ponto de vista de outra pessoa é uma atividade complexa e difícil. Normalmente, envolve boas habilidades de atenção e observação. A atenção exige da pessoa que contenha a ansiedade e se abstenha de interromper, reagir ou tentar resolver o problema. Isso exige humildade – você precisa adotar uma atitude de quem não sabe. Esteja aberto a ponto de ouvir cada palavra das pessoas, ouça cada variação vocal, cada mudança de tom. Observe a linguagem corporal de seu interlocutor não para fazer julgamentos, mas para entrar em seu mundo por um instante. Não caia na armadilha de pensar que todos querem uma opinião ou uma resposta. Não tente ensinar, e sim descobrir o que está aprendendo. A atenção requer confiança e respeito – quanto mais aberto você estiver para respeitar os outros e confiar neles, mais provável será que entre em sua perspectiva por tempo suficiente para entendê-los.

Se você reservar algum tempo para rever e cultivar essas habilidades essenciais para a vida, será provável que as outras pessoas se sintam mais dispostas a apoiá-lo quando chegar o momento de fazer mudanças para melhorar seu equilíbrio entre vida e trabalho.

Ter uma visão vai **motivar** você para a ação

Capítulo 6

Crie visão e direção

- Prepare-se para tomar uma nova direção
- Crie sua missão
- Avalie suas competências, habilidades e qualidades
- Envolva-se com profundos interesses de vida

Este é um dos pontos cruciais do livro e de seu projeto de equilíbrio entre vida e trabalho. Sua disposição de criar uma visão é proporcional à crença em seu potencial, e esta é a hora certa de fazer um movimento audacioso – equivalente a uma declaração de fé.

O fundador da Sony, por exemplo, começou com uma lista de princípios através dos quais propunha vender algo para alguém. Criar um documento vivo sobre si mesmo é uma mensagem poderosa que denota controle, responsabilidade e domínio das alavancas que controlam o humor e o comportamento.

Vejamos como você gostaria que fosse sua vida. Quando nos tornamos adolescentes, as pessoas param de nos perguntar o que queremos ser ou fazer. Essas perguntas nos ajudam a continuar sonhando e visualizando um futuro melhor. Ter uma visão favorece a consecução do objetivo e, por mais modesta que seja, torna-se o primeiro passo para obter equilíbrio e alcançar a realização no trabalho e na vida. Sua visão está conectada a sua alma: deve ser elevada e conduzi-lo a um futuro que você considera valoroso. É a representação da situação futura com a qual você sonha. É perfeitamente normal que isso tudo pareça tão pouco realista na fase atual, mas o fato de ter uma visão vai inspirá-lo à ação.

Ao registrar no papel seus objetivos e suas expectativas, você toma uma decisão sobre o futuro que proporcionará clareza, intensidade de propósito, motivação, direção, afirmação e energia para si mesmo e para os outros. O exercício seguinte dá uma boa idéia de como agir:

Passo 1: no espaço adiante, escreva na coluna A tudo o que gostaria de fazer nos próximos quinze anos. Escreva tudo o que quiser, use uma folha extra se for preciso. Ao reler a lista, concentre-se e imagine já estar vivendo assim: uma vida que o apaixona e que adoraria ter.

Passo 2: preencha a coluna B como se já estivesse fazendo as coisas que deseja. Escreva frases positivas sobre si mesmo no tempo presente. Se quiser iniciar um negócio próprio e mudar de cidade, por exemplo, escreva algo assim: "Tenho mais energia, sinto-me menos estressado e sou muito mais produtivo agora que trabalho para mim mesmo". Se for solteiro e quiser um relacionamento, escreva: "Sinto-me realizado agora que passo menos tempo no trabalho e mais tempo com alguém especial". Se sua meta for passar menos tempo no trabalho e mais em casa, escreva: "Gosto dos momentos tranqüilos que passo jogando cartas com minha família à noite".

Passo 3: agora imagine-se fazendo tudo isso. Observe-se nesse seu novo papel: como são sua aparência, seus trajes, sua fala, suas emoções, como é a reação dos outros?

Passo 4: encare essa nova pessoa que você é e pergunte-se: "É isso que quero de verdade? Há algo mais que precise ou deseje?" Registre a resposta e introduza-a em sua cena.

Passo 5: compare esses desejos com a realidade e verifique se são praticáveis. Identifique o que precisa de ajuste.

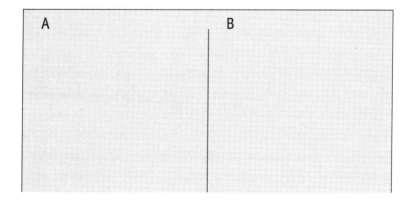

Ponha em prática sua visão

A conquista do equilíbrio e da realização na função, na carreira ou no ambiente que você escolher depende fundamentalmente de seu envolvimento com os seguintes elementos:

1 Sua visão: saber onde é seu lugar.
2 Sua missão: conhecer seu propósito, o motivo por que você está aqui.
3 Seus valores: identificar os princípios pelos quais quer viver e aquilo que o satisfaz.
4 Suas competências: ter consciência de seus pontos fortes, do que o torna competente.
5 Seus interesses de vida: buscar o que leva você a empenhar-se, a manter-se motivado.

Sua missão representa as razões essenciais de sua existência – além de simplesmente ganhar dinheiro. O salário era o meio através do qual podíamos ter uma vida interessante, mas atualmente o próprio trabalho pode tornar-se interessante. Criar um modelo de trabalho é uma forma de auto-expressão. Dar nome à missão é desenvolver a autoconsciência. Para alguns, pode ser um chamado ou uma vocação verdadeira à qual se quer devotar tempo, energia e talento. A missão, porém, não precisa ter um grande apelo nem no trabalho nem no lazer. Talvez seja simplesmente dar ao mundo bondade, compaixão, bom humor, honestidade. As perguntas seguintes vão ajudá-lo a refletir sobre sua missão.

Se não precisasse trabalhar para viver, sua casa estivesse paga, sua família garantida e seus amigos em boa situação, você manteria seu atual modo de vida e sua profissão e se sentiria feliz? Pense na profissão que teria nessa situação e explique por quê.

- Se você fosse rico, o que faria?
- Se parasse de trabalhar, do que sentiria falta?
- Que trabalho você ama a tal ponto que pagaria para fazer? O que o apaixona de verdade?
- O que o dinheiro significa para você? Até que ponto ele é importante e o que considera tão ou mais importante que ele?
- O que você teria deixado de viver se morresse hoje?
- Que sonhos, talentos e idéias você teria deixado de experimentar caso morresse hoje?
- O que o fascina?
- Que ramos do conhecimento sempre o atraíram?

Você atingiu o ponto crítico. A próxima fase de sua vida se concretizará agora que atingiu o nível mais profundo de honestidade consigo mesmo. Esta é a hora certa para aprender o que sempre quis fazer melhor ou de forma diferente, para tornar-se até alguém diferente, quem sabe. Reflita sobre o que fazer para equilibrar vida e trabalho, o que precisaria atingir para melhorar sua qualidade de vida. Esta é sua oportunidade de começar a viver o que não viveu e a fazer o que não fez.

Crie sua visão

Alguém já disse: "Só temos poder sobre aquilo por que lutamos". O que importa, entretanto, não é sua profissão, e sim sua contribuição. Tome cuidado para não ficar preso na decisão a tomar sobre seu papel. É importante não se limitar aos termos de seu contrato porque eles podem restringir seu crescimento, seu desenvolvimento e sua realização. As organizações bem-sucedidas são inovadoras, o que, muitas vezes, significa engajar-se na criação de alguma coisa: esteja preparado para ser espontâneo, generoso e trabalhar na criação do todo – além de tornar-se parte dele.

É provável que você tenha alimentado uma visão, uma fantasia, um sonho, um desejo de criança sobre sua vida quando crescesse. Talvez tenha guardado esse sonho por muito tempo antes de adotar idéias mais práticas sobre si mesmo. As pessoas de sucesso reconhecido conseguiram manter sua visão e criar outras. Essas pessoas geralmente têm uma visão de si mesmas e, quer falem dela com alguém, quer não falem, o fato é que pensam nela diariamente.

Que visões, sonhos, fantasias, expectativas e esperanças você já teve e foi forçado a abandonar? Quais eram as qualidades dessas visões? Identifique o que o atraiu nelas.

Por exemplo:

A visão: *alta executiva que trabalha em Nova York e tem um monte de namorados.*

Qualidades: *ambiente internacional, altos salários, trabalho excitante, liberdade nas relações.*

Passe alguns momentos avaliando suas realizações até agora. Reconheça suas competências, seus esforços e suas qualidades.

Lembre-se de conquistas que o fazem sentir-se bem. Não importa se foram grandes ou pequenas, mas devem ter muito significado para você. Anote-as no espaço abaixo, assim como as qualidades que demonstrou para atingi-las. Depois de dar o primeiro passo, você vai precisar de mais papel!

Um exemplo: dos 4 aos 14 anos de idade, *ganhei a corrida de barreiras da escola*. Qualidades e recursos usados: *superação da timidez por estar acima do peso, determinação (que não era um talento natural), esforço.*

O que consegui
Dos 4 aos 14 anos - qualidades e recursos usados:

Dos 15 aos 24 anos - qualidades e recursos usados:

Dos 25 aos 34 anos - qualidades e recursos usados:

Dos 35 anos em diante - qualidades e recursos usados:

Muitas vezes, somos excelentes no que raramente consideramos um talento: talvez os elogios ouvidos no passado tenham sido tantos que se banalizaram ou soem tão naturais para nós que nem prestamos mais atenção neles. Um dos segredos de uma vida de sucesso é não sofrer quando não somos bons em alguma coisa, mas fazer bom uso do que sabemos. Vamos examinar as habilidades que você desenvolveu durante sua vida.

- Você atualmente está acomodado ou se encontra em uma encruzilhada? Por que está em uma encruzilhada? O que aprendeu sobre o que considera sua profissão? Como aprendeu isso?
- Pense em seu desafio: há alternativas para mudar as coisas? Quais delas você tem explorado efetivamente? Como?
- Quem o ajudou ou inspirou em seu processo de pensamento? Quem não o ajudou?
- Como você descreve esse período? O que foi mais difícil?
- Em que aspectos você ficou realmente satisfeito consigo mesmo?
- O que aprendeu a fazer bem em seu último emprego? Por que o deixou? Pense no período de transição. Quem fez a diferença e por quê? Quantas idéias e possibilidades diferentes você considerou? Até que ponto explorou cada uma delas? O que foi mais difícil no processo todo? O que foi mais fácil do que esperava?
- E no penúltimo emprego? Nesse período, o que aprendeu a fazer em termos de liderança? E sobre si mesmo? Por que saiu? Identifique as mudanças que fez para se desenvolver. O que funcionou como método de aprendizado: uma pessoa, um livro, um curso, o que mais?
- O que foi mais difícil no processo? O que surpreendeu você? O que aprendeu sobre si mesmo nesse período? Quais eram os pontos altos desse emprego? Quais eram os pontos fracos?
- Em que aspecto você deu sua melhor contribuição? Por que pensa assim?

■ Faça uma análise de suas competências e fraquezas, oportunidades e ameaças

É hora de ordenar todo o trabalho feito até aqui e esboçar um quadro realista das opções disponíveis. A análise que proponho permite que você identifique suas competências e fraquezas, suas oportunidades e ameaças e examine cada opção que deseja considerar segundo esses termos.

A capacidade de enxergar as próprias fraquezas é um recurso muito útil. Uma fraqueza pode ser um detalhe que precisa apenas de um pouco de sua atenção – a necessidade de estar alerta ao benefício que um aprendizado novo lhe trará ou de voltar a praticar uma habilidade esquecida há algum tempo. Talvez seja necessário mergulhar mais fundo em seu íntimo para entrar em contato com seus "demônios interiores": bloqueios, medos e inibições.

Quando refletir sobre suas competências, considere os traços que aprecia em si mesmo. Tudo o que conseguir lembrar: senso de humor, tenacidade ou flexibilidade, habilidade de ler mapas ou de produzir vegetais orgânicos, boa capacidade de comunicação ou sociabilidade. Quando nos sentimos bem, nossa eficiência mental melhora, o pensamento fica mais maleável e nos tornamos mais capazes de entender informações complexas e de fazer avaliações que levam em conta nossos valores.

Aí vão algumas perguntas que podem ajudá-lo nesse exercício.

Competências

O que pode ajudá-lo a atingir suas metas? Quais são suas habilidades? Você sabe o valor de sua reputação? Tem uma atitude vencedora? É tenaz? Tem uma boa rede de apoio? Consegue confiar em si mesmo quando está sob pressão?

Fraquezas

O que o impede de viver a vida que sonha? Isso não quer dizer necessariamente uma vida de riqueza material nem de *status*, e sim ter tempo para os amigos, ficar mais próximo da família ou do cônjuge. Reflita sobre sua realidade financeira: você consegue baixar seu nível de vida? Em outras palavras, nesta altura é melhor ficar estressado, mas com um salário alto, ou sem estresse e com um salário baixo? Ter mais tempo é uma realidade ou um sonho?

Oportunidades

Faça uma lista de todas as suas competências e limitações e transforme-as em pontos positivos. Faça também um orçamento de seu sonho. Ponha os fatos e os números em uma planilha.

Ameaças

O que pode atrapalhar a conquista de seus objetivos: fatores externos, falta de fundos, baixo desempenho ou falta de motivação?

■ Mescle seus talentos e seus interesses de vida

Analise seus talentos e destaque cinco que você considera importantes. Tenha o cuidado de escolher os que mais aprecia e que, quanto mais são usados, mais feliz o tornam.

Agora vejamos como seus interesses podem mesclar-se com seus talentos. Interesses profundamente arraigados não são *hobbies*, como pescar ou esquiar, nem assuntos pelos quais você sempre se interessou, como pássaros ou poesia. Essas coisas raramente se transformam numa carreira promissora. Em vez disso, observe suas paixões duradouras, que combinam com sua personalidade. Em que ponto suas capacidades se cruzam com seus interesses? Eis aqui alguns exemplos:

Tecnologia

Aspectos: como funcionam as coisas. Máquinas e processos.
Tipos de trabalho: engenharia de computação, especializações técnicas.

Análise quantitativa

Aspectos: lidar com números, fazer previsões, modelos.
Tipos de trabalho: contabilidade, pesquisa, dados.

Conceitual

Aspectos: pensamento abstrato.
Tipo de trabalho: acadêmico.

Desenvolvimento criativo de produtos

Aspectos: artes, literatura, novos empreendimentos.
Tipos de trabalho: redação e literatura, artes gráficas, novas idéias de negócios.

Educação, bem-estar, saúde, desenvolvimento

Aspectos: ajuda e solidariedade.
Tipos de trabalho: ensino, medicina, psicoterapia, treinamento, aconselhamento.

Gestão de pessoas

Aspectos: ensinamentos básicos para ajudar as pessoas a atingir seus objetivos.
Tipos de trabalho: gerência e administração.

Influência e idéias

Aspectos: negociação, persuasão, narração de histórias.

Tipos de trabalho: treinamento, relações públicas, relações internacionais.

Gestão de negócios

Aspectos: tomada de decisões, responsabilidades.

Tipo de trabalho: gestão de empresas.

■ Entre em contato com seu futuro

Faz de conta que é sua festa de aniversário de 80 anos e você está muito bem. Imagine sua aparência de pessoa respeitável e cheia de sabedoria. Um de seus mais velhos amigos chega com um álbum de fotografias, e nele estão representados todos os momentos de sua vida: os pontos positivos e negativos, os conflitos e dilemas.

- Quem você vê e quem gostaria que estivesse lá?
- O que gostaria que dissessem sobre você?
- O que vai dizer sobre sua vida?
- Quando descobriu o que queria em oposição ao que os outros queriam que você fizesse?
- O que o fez rir de verdade?
- Quando você mais se divertiu?
- Quem eram seus melhores amigos afinal?
- Quando foi que você se sentiu ótimo?
- Como se livrou do que não queria fazer?
- Quando conseguiu o que queria ou o que precisava e o que fez para isso?
- Você serviu de inspiração para alguma coisa no mundo?

- Como gostaria que fosse seu epitáfio?
- Qual é seu maior desejo, o mais audacioso e maluco?
- E o que faz você sentir que não pode realizá-lo?

Dizer "eu não posso" – como faz um de meus colegas – é dizer "posso-me-dedicar-ao-ato-de-não-fazer". É uma desculpa, uma opção. É bom reconhecer isso e decidir se essa é sua opção. Lembre-se da frase abaixo quando perceber que não quer fazer alguma coisa:

Uma idéia nova é primeiramente condenada como ridícula e depois descartada como trivial até que finalmente se torna algo que todos sabem. (William James, 1842-1910)

Seja audacioso. Escreva seu epitáfio.

O epitáfio de William Pitt Junior*, no Guildhall, Great Hall, em Londres, é o seguinte:

De altos propósitos, foi agraciado pela divina providência
Dons, raros em sua isolada excelência,
Maravilhosos em sua combinação
Juízo, imaginação, memória, perspicácia, força e acuidade de raciocínio
Eloqüência, profusa e acurada, imperiosa e persuasiva

---

* William Pitt Jr. (1759-1806), político britânico, foi ministro da Fazenda aos 23 anos. [N. T.]

E apropriados em seu esplendor à dignidade de sua mente
E à autoridade de sua posição
Um espírito grandioso, temperamento indulgente e engenhoso
Caloroso e constante na amizade, com os inimigos era indulgente e clemente
Sua diligência não era diminuída pela confiança em suas grandes habilidades; sua tolerância para com os outros não era enfraquecida pela consciência da própria superioridade
Sua ambição era isenta de motivos egoístas, o amor ao poder, a paixão pela fama subordinavam-se à sua visão de utilidade pública

■ Transforme-se na mudança que deseja

No âmago de todo desejo de mudança está uma tarefa fundamental: você tem de mudar a si mesmo. Leia seu epitáfio e identifique nele a qualidade que mais ambiciona ter. Qual das características ali registradas representa o maior desafio para você?

Sua tarefa é *transformar-se na mudança que deseja*. Não espere até que tudo esteja em ordem. O que mais gostaria de mudar em você – tendo como base o que fizemos até agora? Passe um dia, amanhã talvez, prestando atenção nisso, sem tentar mudar nada ainda, mas apenas observando a lacuna.

Até o final da semana, estabeleça um novo padrão, adote um novo hábito, viva um dia de sua vida sendo o que quer ser, percebendo a reação alheia e também como você próprio se sente. Crie um quadro claro e detalhado da mudança que quer ver em si mesmo. Pense que ela se manifestará da forma como imaginou e para isso ajuste sua voz, sua postura, suas roupas, a companhia que procura, o que diz a si mesmo, o que diz aos outros e sua maneira de agir com os outros.

A pessoa bem-sucedida sabe quando relaxar

Capítulo 7

Cultive a **saúde** e o **bem-estar**

- Consiga resultados positivos
- Ótimas notícias sobre a atividade física
- Assuma seu projeto
- Restaure seu equilíbrio

Para ficar em forma e saudável, é necessário achar o equilíbrio entre vontades e necessidades, aspirações e aptidões conflitantes. Muitas vezes são necessárias mudanças pequenas, mas constantes, para atingir resultados positivos para seu bem-estar. Realizando essas pequenas mudanças, você alcançará grandes benefícios.

Entender suas metas é primordial, e por isso a primeira coisa que pedimos a você é observar sua visão, seu propósito, suas necessidades e seus valores.

Se seu sonho é ser um grande esportista, tudo o que se relaciona à alimentação – como e quando se alimentar, que dieta seguir – será o foco de sua vida. Aqueles que chegaram ao topo da profissão, especialmente no esporte, apresentam desequilíbrio de vida – ou pelo menos assim parece para as pessoas que trabalham no horário comercial, vêem TV todas as noites, praticam esporte duas vezes por semana e encontram-se com os amigos nos sábados e domingos.

Algumas pessoas podem descuidar-se do equilíbrio por algum tempo, retardando seus objetivos, mas é importante manter-se em forma e saudável – seja qual for seu foco na vida. Há alimentos que favorecem a saúde, o bem-estar e a boa forma, mas existem outros que, se ingeridos em excesso, alteram o equilíbrio físico. Uma boa dieta e exercícios regulares ajudam na manutenção do peso ideal, aumentam o bem-estar e reduzem o risco de doenças cardíacas, derrames, alguns tipos de câncer, diabetes e osteoporose.

A decisão do que comer para manter a saúde perfeita deve ser tomada com base na nutrição e na vitalidade. Já mostramos alguns exercícios que o ajudaram a ganhar autoconsciência e a entrar em contato com a pessoa que você realmente deseja ser. Agora é preciso saber alimentar-se e cuidar de si mesmo para atingir essa meta. Bons alimentos devem ser saudáveis, nutritivos, variados e saborosos. Devem melhorar nossa vida e nos dar a energia necessária para conseguir tudo o que queremos.

■ Uma dieta básica saudável

Os componentes básicos da nutrição são os carboidratos, as proteínas e as gorduras. As vitaminas e os minerais são componentes essenciais de uma dieta que não só evita a deficiência física como também favorece a saúde e reduz realmente o risco de incidência de algumas doenças.

Todas as refeições devem ter como base alimentos ricos em carboidratos complexos, que conservam a energia e diminuem as oscilações dos níveis de açúcar do sangue. Os carboidratos complexos também são uma boa fonte de fibras e vitamina B (que ajuda a extrair a energia dos alimentos), além de ferro e cálcio. Um pouco de gordura na dieta é essencial, mas a maioria das pessoas deve evitar excessos. Escolha gorduras e óleos ricos em ácidos graxos monoinsaturados (como azeite de oliva e alguns outros óleos vegetais) e reduza a ingestão de alimentos de origem animal (carne e laticínios, como queijos duros), ricos em ácidos graxos saturados. Além disso, tente incorporar a sua dieta peixes ricos em ômega 3, benéfico ao coração. Alterar o teor de gordura de sua dieta limitando a ingestão total de alimentos, particularmente se você estiver acima do peso, é um passo positivo para manter saudável o sistema cardiovascular e conservar o colesterol em níveis adequados.

■ Frutas e vegetais

O conselho mais comum é ingerir pelo menos cinco porções de frutas e vegetais todos os dias. O que acontece, porém, se você comer, no mesmo dia, um sanduíche no almoço e uma pizza no jantar? Será preciso comer dez porções de frutas e vegetais no dia seguinte? Se o objetivo é o equilíbrio, escolha refeições que incluam verduras, legumes ou frutas. Podem ser frescos, congelados, secos ou enlatados – e também na forma de suco.

Para começar o dia bem alimentado, compre um espremedor de frutas ou um processador: frutas e vegetais frescos têm o mais alto teor de vitaminas e minerais. Isso porque há muitos compostos nas frutas e vegetais sobre os quais ainda não sabemos muito. Tudo indica que sua ingestão protege contra o desenvolvimento de alguns tipos de câncer e de doenças cardíacas, as principais causas de morte no Ocidente. Além disso, são pouco calóricos e têm alto teor de fibras, o que ajuda a matar a fome e mantém os intestinos em bom funcionamento sem aumentar a ingestão de calorias. Se, entretanto, você se sentir fraco ou estiver muito estressado, vale tomar diariamente um suplemento de vitaminas e sais minerais.

▪ Líquidos

Um adulto deve consumir aproximadamente dois litros de líquido por dia – com variações que dependem da idade, do clima, da dieta e da atividade física. Esses líquidos abrangem água, sucos, chás e café. Certa quantidade deles provém dos alimentos que ingerimos. O líquido é vital para manter as células do corpo bem hidratadas e em perfeito funcionamento. Cansaço, dores de cabeça persistentes e mesmo a sensação de fome entre as refeições podem ser sinais de falta de líquido no organismo.

▪ Cafeína

A cafeína, presente no café, em alguns tipos de chá, no chocolate e nos refrigerantes, é um estimulante. Estudos comprovaram seus efeitos benéficos sobre o desempenho, pois ajuda a manter a atenção e a vigilância. Sua abstinência em consumidores regulares pode causar letargia ou dores de cabeça devido aos efeitos negativos da interrupção brusca do consumo.

É importante moderar a ingestão de cafeína: uma ou duas xícaras de chá ou de café não causam efeitos nocivos, mas, para prevenir a desidratação, já que a cafeína tem ação diurética, beba um copo de água também. Se estiver muito dependente da dose diária, tente perceber as razões disso – estresse, fadiga, falta de concentração, por exemplo – e vá à raiz do problema. Se você quiser cortar o consumo de cafeína, não seja radical: é melhor diminuir gradualmente sua ingestão para evitar as dores de cabeça causadas pela abstinência.

Atividade física

Ótimas novidades sobre a atividade física! Pesquisas demonstraram que apenas vinte minutos de exercícios leves por dia bastam para manter a saúde mental. O bem-estar e o controle do estresse são potencializados com vinte minutos diários de caminhada ao ar livre. Para o corpo, é preciso um pouco mais, mas nada de malhação excessiva. Pratique uma atividade física que você aprecie. A variedade é enorme: caminhada, bicicleta, ioga, *tai chi chuan*, dança, artes marciais, tênis, *skate*, futebol, corrida, basquete ou vôlei, entre muitas outras.

Um passeio de dez minutos no parque ou no campo é suficiente para manter-se saudável. Pesquisas recentes sobre os efeitos da atividade física revelaram que, conforme o nível de estresse, deve-se escolher uma atividade "consciente" ou "inconsciente". Se você estiver ansioso ou deprimido, pratique exercícios conscientes, durante os quais é preciso concentrar-se na respiração, como a natação. Outros exercícios conscientes são ioga, balé, *tai chi chuan* e *pilates*. Se estiver temporariamente estressado, será melhor fazer exercícios inconscientes, como correr, jogar futebol ou malhar na academia.

A atividade física favorece a saúde mental, permitindo ao cérebro lidar melhor com o estresse. Pesquisas sugerem que indivíduos fisicamente ativos têm crises mais raras de ansiedade e depressão que os sedentários. Ao contrário da crença generalizada, há poucas evidências de que a prática de exercícios cause aumento de endorfinas, mas há a liberação de norepinefrina, componente químico que provavelmente tem papel importante na modulação de neurotransmissores que atuam na reação ao estresse. Aparentemente, o exercício evita a depressão e a ansiedade, pois aumenta a capacidade do corpo de reagir ao estresse.

É bom lembrar, entretanto, que *estresse* é um termo que abrange uma série de distúrbios. É preciso primeiro encontrar a causa do problema, depois determinar os sintomas exatos e só então escolher o melhor tipo de prevenção ou técnica para lidar com ele. Embora a atividade física seja útil, não pode substituir os benefícios da psicoterapia, ou seja, a mudança gradual de percepção e emoção que nos ajuda a viver melhor. Os exercícios são excelentes, contudo, praticados em conjunto com a terapia.

Mas há uma boa notícia: para obter benefícios mentais, não é preciso fazer exercício em excesso. Os psicólogos estão descobrindo que a quantidade e a intensidade da atividade física não são fatores primordiais para o alívio da depressão e da ansiedade. Além disso, a atividade física iguala os indivíduos ao promover um ambiente social não ameaçador. Todos são iguais quando estão de *shorts*, camiseta e tênis. Não importa a roupa nem o *status*: a situação gera aceitação social.

É essencial fazer exercícios com parcimônia para assegurar a recuperação completa do corpo após cada sessão, evitando-se exageros causadores de lesões. A prática aeróbica faz bem ao coração, mas deve ser moderada caso você não esteja acostumado. Os exercícios aeróbicos basicamente trabalham o coração entre 70% e 80% de sua capacidade máxima tendo como base a idade do indivíduo. Esse tipo de atividade inclui ciclismo de corrida ou de montanha, corrida, natação rápida e remo. Antes de fazer qualquer exercício aeróbico, é preciso medir o ritmo cardíaco. Sendo assim, é melhor consultar um médico e fazer um teste ergométrico para saber sua condição aeróbica. O objetivo não é sobrecarregar seu coração, e sim fortalecê-lo.

Os exercícios anaeróbicos envolvem curtos – mas intensos – picos de atividade, como levantamento de peso, que induzem o corpo a usar um caminho metabólico diferente do sistema de oxigenação da atividade aeróbica. É fundamental ter grande capacidade aeróbica antes de iniciar exercícios com pesos. Dessa forma, recomenda-se um programa de um mês de atividades aeróbicas em sessões de vinte a 45 minutos de duração com alongamento no início e no final. As sessões aeróbicas devem ser variadas, com intervalos de um dia de descanso para assegurar a recuperação total dos músculos envolvidos.

O treinamento com levantamento de peso deve ser supervisionado por uma academia que ofereça um programa de acordo com suas necessidades de modo a intensificar os ganhos pessoais e minimizar os riscos de lesão. A atividade física bem-feita aumenta os benefícios de uma dieta saudável e melhora a capacidade, a energia e o bem-estar. Se for corretamente balanceada entre as refeições, intensificará também a absorção de nutrientes, a eliminação de toxinas e a recuperação dos músculos.

Nada supera o exercício aeróbico para eliminar o estresse. Quando o corpo depara com uma possível ameaça a seu equilíbrio, aciona um sistema automático de proteção liberando a energia necessária para enfrentar ou fugir do perigo. Raramente usamos esse mecanismo de defesa e, como resultado, o corpo permanece em estado de reciclagem contínua de energia. Quando não há válvula de escape para essa energia, o corpo se mantém em estado de alerta durante horas a fio. A atividade física é a maneira mais lógica de dissipar esse excesso de energia.

A prática de exercícios assim que você se sentir muito estressado é extremamente benéfica, mas a prática regular, diária ou pelo menos intercalada, alivia o excesso de tensão. É extremamente importante praticar exercícios três vezes por semana durante pelo menos trinta minutos. Nos casos de estresse agudo ou crônico, a atividade física constitui elemento essencial de qualquer programa de redução de tensão: não há dúvida de que você se sentirá melhor se fizer exercícios da forma e na quantidade corretas.

■ Festa! Aproveite! Divirta-se!

Dê a si mesmo um pouco de prazer todas as semanas. Faça algo que realmente aprecia, quem sabe cultivar um *hobby*. Você vai encontrar todo tipo de gente, conhecer diferentes perspectivas, manter a mente aberta e entrar em contato com um aspecto importante do equilíbrio entre vida e trabalho.

Quem tem uma rede de amigos leais pode suportar com mais serenidade os altos e baixos da vida. Quando as coisas não vão bem para você, não se esconda dos amigos se quiser evitar a depressão. Telefone, converse, passe mais tempo com eles.

Muitas pessoas normais e racionais trabalham da manhã à noite e nem pensam em descanso. Isso é insustentável, porém, pois precisamos aprender a monitorar nossos níveis de estresse e de energia diminuindo o ritmo quando necessário. A pessoa bem-sucedida sabe o momento certo de relaxar.

■ Um programa de cinco passos para restaurar o equilíbrio

Faz tempo que você vem pensando em tomar algumas medidas para melhorar a saúde e a forma física e até deve ter feito algumas tentativas. Agora é hora de desafiar seus antigos hábitos e crenças. Tente manter esse novo modo de vida durante quatro semanas. Os efeitos sobre a saúde e o bem-estar físicos serão tão patentes que você poderá facilmente avaliar a importância do equilíbrio pessoal.

Seguindo essas recomendações, seus níveis de energia aumentarão e se estabilizarão, as rotinas físicas se tornarão mais fáceis, os sintomas de estresse diminuirão e o sono ficará mais profundo e renovador. Tudo isso ajudará a construir um alicerce sólido e uma via criativa para todos os outros aspectos de suas ambições e de seus sonhos de vida.

Passo 1: aprimore seu ambiente

Dê uma olhada na despensa e jogue fora tudo o que não for nutritivo: biscoitos, salgadinhos, comida enlatada, tranqueiras. Compre carboidratos complexos e coma nozes como aperitivo. Abra espaço na bancada da cozinha para frutas e vegetais frescos e coloque o processador em posição de destaque.

Na porta da geladeira, prenda lembretes com mensagens ou imagens de encorajamento. Pare para pensar nas conseqüências de suas ações no longo prazo: imagine como se sentirá daqui a uma hora, dez horas, seis meses – se fizer tudo direitinho. Um estímulo pode ser a foto das roupas em que você quer entrar, de alguém correndo na praia ou de um *resort* maravilhoso que pretende visitar com o dinheiro que economizar deixando de comprar tranqueiras (e, a propósito, parando de fumar).

Diga aos outros membros da família, com muita calma e seriedade, o que quer, o que pretende e peça encorajamento. Dê ouvidos aos que o incentivarem. Ignore os demais.

Passo 2: planeje seu novo comportamento

Ponha no papel sua meta, os benefícios resultantes e o motivo de sua decisão. Escreva sobre a visão que deseja ter de si mesmo: como será sua aparência e como se sentirá no final do programa. Agora recue até a posição inicial e fixe objetivos semanais. Depois estabeleça etapas e a forma como vai comemorar quando as atingir. Finalmente, planeje um método de ação para alcançar seus objetivos e anote-o em sua agenda – e na dos outros. Se já marcou um jantar na casa de alguém, avise o anfitrião sobre seu programa. Se precisar abrir espaço em sua agenda para fazer em paz seus exercícios ou sua meditação, não vacile. Assuma seu projeto, responsabilize-se por ele.

Que atividade física você pretende executar que ainda não tentou? Como vai planejar o horário de seus exercícios? Após as refeições, espere duas horas para iniciá-los e coma uma hora depois dos exercícios. Lembre-se de beber água durante as atividades e, finalmente, coma frutas uma hora antes e uma hora depois de praticá-las.

Alimente-se antes das 8 horas da noite se possível. Se estiver ocupado durante o dia inteiro, coma regularmente cinco porções de nozes, sementes ou frutas secas, que têm muita proteína e vitaminas, tome uma sopa de legumes ou coma uma salada no almoço. À noite, faça uma refeição leve com carboidratos, como macarrão com molho, risoto ou bife e salada.

Pense no que fará quando notar que começa a relaxar com relação a seu programa. Isso é muito comum no início: mais da metade das resoluções de fim de ano são rompidas por volta de fevereiro. Desse modo, é necessário desenvolver uma estratégia que o ajude a superar a vontade de desistir. Tente a seguinte afirmação: "Toda vez que sentir vontade de comer chocolate, vou beber um copo de água, dar uma volta no quarteirão ou telefonar para um amigo ou parente". Com isso, você cria um sistema de autocontrole. É importante evitar pequenos deslizes para não pensar que estragou tudo e daí em diante relaxar de vez. Seja firme, dê um basta nas recaídas assim que surgirem e prossiga.

Passo 3: descubra e aplique formas de motivar a si mesmo

Passe cinco minutos por dia imaginando sua aparência, seu modo de andar, falar e agir e principalmente a forma como você se sentirá depois de iniciar – e concluir com sucesso – seu programa de boa forma.

No início das refeições, relaxe fazendo duas respirações profundas. Sinta-se bem diante da consciência de seu esforço para fazer boas escolhas.

Concentre a atenção em suas conquistas. Vá devagar e congratule-se. Seja gentil e mantenha uma conversa calma e encorajadora consigo mesmo quando tiver uma recaída. Em vez de se criticar, diga: "Tudo bem, é só um passo para trás, dá para voltar ao caminho. Você consegue". Algumas pessoas afirmam diariamente: "Como e bebo o que é bom para mim e pratico exercícios porque me fazem bem e fico em forma". Crie uma afirmação própria, frases que funcionam para você.

Será mais fácil fazer as escolhas certas se passar a pensar como a pessoa que deseja tornar-se (que é parte de você, afinal de contas!), alguém que está saudável e em boa forma. Perceba como isso o ajuda a fazer as opções corretas e sinta quanta vitalidade você obtém como resultado.

Passo 4: não é só o que você come que importa, e sim por que e como faz isso

Entender por que você faz o que faz é primordial para administrar seu comportamento e seu humor. Em minha experiência, aprendi que fazer algo errado para a saúde não significa simplesmente voracidade nem preguiça. Se observar mais atentamente, você notará que anseia por qualquer coisa que dê alívio a suas necessidades temporárias, embora não goste dos efeitos posteriores e, na maioria das vezes, os ignore. Tente antecipar as conseqüências: no fundo você sabe que o barato momentâneo não pode durar.

Quando pensar no hábito que quer abandonar, pergunte-se: "Que vontades e emoções estão ligadas a esse hábito? De que outra forma posso satisfazê-las ou superá-las?" Não se iluda com a falsa idéia de que esse comportamento é inato, de que você nasceu assim. Lembre-se: entre o estímulo e a resposta há um intervalo – e é nesse espaço que está seu poder.

Passo 5: durante um mês, concentre-se nos alimentos ideais

Primeiro: alimentos frescos, da estação, produzidos de preferência na região, ou seja, nada de comprar morangos importados no inverno. Segundo: carnes e peixes de boa procedência, comprados em supermercados, açougues e peixarias de sua confiança. Terceiro: coma pelo menos cinco porções de legumes, verduras e frutas todos os dias. Se perder um dia, procure compensar. Limpe frutas, verduras, ervas e legumes com cuidado, especialmente se não forem orgânicos, para eliminar os resíduos químicos. Evite alimentos processados, gordurosos, doces ou muito salgados, cafeína e álcool. Beba dois litros de água por dia. Beba água meia hora antes, mas *nunca* durante as refeições, pois os líquidos diluem as enzimas digestivas. Experimente e note a diferença.

O próximo capítulo trata de estratégias testadas e comprovadas que podem ser usadas diariamente para lidar com o estresse.

Administre a causa do estresse e suas reações a ele

Capítulo 8

Estratégias de controle do
estresse

- Vá à raiz do problema
- Alivie os sintomas e lide com a causa
- Recupere o otimismo e o equilíbrio
- Aprenda estratégias benéficas para reduzir o estresse

O trabalho excessivo e a agitação constante tornaram-se uma preocupação moderna. Em boa parte dos países desenvolvidos, como Estados Unidos, Japão e Grã-Bretanha, é bem arraigada a cultura segundo a qual "quanto mais trabalho melhor". Entre os operários, a soma de horas extras trabalhadas traduz-se em aumento de rendimentos. No caso dos executivos e de outros profissionais, além do benefício financeiro, trabalhar mais é certeza de promoções e de maior segurança no emprego.

Se você se sente pressionado pelo excesso de trabalho, é preciso fazer alguma coisa. Trabalhar demais pode parecer enaltecedor e até estimulante por algum tempo. No entanto, para a maioria das pessoas, isso é cansativo mesmo quando existe muita energia. O estresse agudo talvez até seja excitante, mas não deve ser mantido por longos períodos de tempo.

Prazos, desafios e até nossas frustrações e nossos aborrecimentos dão profundidade e riqueza à vida. A ausência de estresse seria deprimente e nos levaria ao tédio, à melancolia ou à apatia. Por outro lado, o excesso de estresse pode provocar tensão crônica e confusão. É possível administrar a causa do estresse e as reações a ele – estar motivado, mas não sobrecarregado, e isso varia de pessoa para pessoa. O que é um infortúnio para um pode ser excitante para outro, o que é um estímulo em determinada fase da vida talvez se revele um desastre em outro momento.

Descobrindo as causas do estresse, você poderá aliviar problemas e sintomas existentes e prevenir recaídas. Para controlá-lo, o fato é que, goste disso ou não, você deve fazer algo diferente, deve mudar. Identifique as causas de seu estresse e as formas como ele se manifesta – e depois mude.

◆ **Emocionais.** Podemos nos sentir rejeitados, zangados, deprimidos, preocupados, temerosos, irritados ou impacientes.

Há uma tendência a agir impulsivamente, e não no melhor dos interesses – nosso e dos outros.

- **Físicas.** Cansaço, enxaquecas freqüentes, distúrbios intestinais, problemas de pele, dores nos ombros, no pescoço, nas pernas e nas costas, insônia, úlceras, palpitações cardíacas, frio nas extremidades, suor, pressão alta, resfriados e gripes, doenças cardíacas e até derrames são algumas das manifestações físicas mais comuns do estresse.
- **Cognitivas.** Somos afetados porque nossa concentração diminui e sofremos de perda de memória, indecisão, confusão: a mente fica em branco ou perde a clareza, há também a perda do senso de humor e da capacidade de manter as coisas em perspectiva.
- **Comportamentais.** Nós nos tornamos inquietos, e certos hábitos nervosos, como mexer nas roupas, roer as unhas ou bater os dedos sobre a mesa, se intensificam. Ficamos impacientes e rudes com as pessoas, adotamos uma dieta nada saudável, fumamos e bebemos – pode haver até mesmo a manifestação de comportamentos autodestrutivos.

As estratégias a ser adotadas no controle do estresse dependem das causas dele. Se você estiver estressado, deve ir à raiz do problema. E então duas coisas podem acontecer: você elimina o problema ou muda sua reação a ele.

A "Prece da Serenidade" reflete isso com perfeição:

Concedei-me, Senhor,
a serenidade necessária para aceitar as coisas que não posso mudar,
a coragem para modificar aquelas que posso mudar
e a sabedoria para distinguir umas das outras –
vivendo um dia por vez,

apreciando um momento por vez,
aceitando as dificuldades como um caminho que conduz à paz.

■ Mude o problema

Se você se sente deprimido, negativo ou confuso e for possível fazer alguma coisa para mudar a situação, tente. Se for incapaz de tomar uma decisão, converse com alguém que esteja habilitado a ajudá-lo a ver as coisas mais claramente: um professor, amigo, parente, conselheiro ou terapeuta. Adiar a resolução do problema só faz aumentar o estresse. Se esse for seu caso, será mais fácil recuperar o controle com ajuda externa até se sentir capaz de prosseguir sozinho.

Alguns problemas podem resolver-se com o tempo, mas são desgastantes no momento presente. Se você estiver passando por um longo período difícil, como o fim de um relacionamento ou um processo de divórcio, é bom distrair-se. Para aliviar o estresse, mantenha o equilíbrio com um *hobby*, divertindo-se com os amigos, iniciando um trabalho produtivo ou praticando exercícios.

Mudar o problema talvez signifique afastar-se dele, modificar suas escolhas de vida ou seu comportamento.

- Você consegue mudar a causa do estresse evitando a pessoa ou a situação?
- Consegue reduzir a intensidade do estresse ou abreviar a influência da situação?
- A quem pode pedir ajuda ou confiar seu problema com segurança?
- Pense no que tentou até agora: o que pode ser feito de forma diferente?
- Precisa de ajuda para mudar seu comportamento?

Para responder a essas perguntas, é preciso ter inteligência emocional: conhecer a si mesmo e controlar as próprias emoções. É preciso ter coragem moral, confiança, saber administrar seu tempo e seu dinheiro, contar com uma rede de apoio segura e também com boas técnicas de resolução de problemas e bons instrumentos de tomada de decisão.

▪ Mude sua maneira de ver o problema

Para mudar sua maneira de ver o problema, quase sempre é necessário modificar sua forma de pensar nele. A maneira como você interpreta e reage à causa do estresse não está arraigada nem sujeita apenas a eventos externos, e sim depende, em grande parte, do modo como você percebe o evento e do significado que dá a ele. Sendo assim, a maneira como observa uma situação determina sua reação a ela: representa uma ameaça ou um desafio para você?

Tente ser absolutamente claro com relação às causas exatas do estresse e à manifestação de seus sintomas.

Escreva tudo o que lhe causou estresse ultimamente. Mantenha um diário e registre todas as tensões que sentiu, descrevendo o mais claramente possível a causa precisa disso e sua reação.

Faça questão de observar quando está estressado: as situações, as pessoas, o ambiente. É importante prestar atenção nisso e nas histórias que você conta a si mesmo em vez de ignorar ou relevar o fato. Para conseguir controlar o estresse, você precisa analisá-lo.

Registre o que se passa em sua mente, em seu corpo e também suas emoções quando ocorrem esses vários tipos de estresse. Como você se sente e o que faz: toma café, come chocolate (ou assalta a geladeira), liga para um amigo, abre uma garrafa de vinho?

Questione seus argumentos mentais: você está sendo realista ou talvez esteja fazendo conjeturas, dramatizando ou generalizando ou está apegado a uma forma rígida de ver as coisas?

Pergunte a si mesmo se alimentou expectativas irreais sobre os outros ou sobre você próprio. Está tentando agradar a todo mundo?

Verifique de que outro ângulo poderia ver a situação e quais seriam os resultados positivos disso.

Você *consegue* fazer isso. No passado, já encarou outros problemas e adaptou-se bem. Lembre-se de tudo o que enfrentou na vida. Faça uma lista agora ou releia a lista que preparou anteriormente.

■ Analise sua maneira de administrar o tempo

Se você não consegue fazer tudo, pergunte a si mesmo a causa dessa dificuldade. É uma questão de administração do tempo. Descubra a causa e supere-a. Responda a cada uma das perguntas seguintes e pense numa forma de chegar a uma solução que lhe agrade.

Delegação

- Será que não confio facilmente nas pessoas?
- Como vou aprender a confiar nelas?
- Como posso administrar e supervisionar o trabalho que deleguei?
- Que regras de disciplina devo adotar?
- Será que não tenho informação suficiente sobre as aptidões de meus subordinados?

◆ Como posso, de forma confiável, saber mais sobre eles e suas habilidades?

Tomada de decisões

◆ Gosto de adiar as decisões finais?
◆ Como lidei com os compromissos no passado?
◆ Incomoda-me tomar decisões sem obter todas as informações que considero necessárias?
◆ Como posso aprender a hora certa de deixar de recolher informações e tomar uma decisão?
◆ Tenho medo de tomar a decisão errada?
◆ Qual é esse medo, onde está seu fundamento? É irracional?
◆ O que preciso superar?

Planejamento

◆ Planejo com antecedência tudo o que preciso fazer?
◆ Consulto, avalio e atualizo meus compromissos anuais, mensais e diários?
◆ Trabalho com as coisas importantes na melhor hora do dia para mim?

Estresse

◆ Sinto-me saudável, durmo o suficiente, alimento-me bem?
◆ Tenho praticado exercícios ultimamente?
◆ Estou sobrecarregado ou tenho posto muita ênfase num só aspecto de minha vida?

Firmeza

◆ Sou sempre chamado a reuniões que não preciso freqüentar?
◆ Estou sempre sendo interrompido por telefonemas?
◆ Passo muito tempo lendo?

Consciência do papel

- Sei o que se espera de mim e o que é um desempenho excepcional?
- Tenho objetivos claros?

■ Cinco instrumentos para o controle do estresse

Há algumas formas simples e quase universais de reduzir, controlar e prevenir o estresse. Veja a seguir uma relação de algumas estratégias práticas e concretas. Muitas delas podem ser aplicadas facilmente, outras requerem mais envolvimento. Todas são muito úteis e benéficas.

1 Cuide da saúde e da forma física.
2 Crie uma rede de apoio.
3 Reveja as prioridades de sua agenda.
4 Tenha tempo para si mesmo.
5 Examine e controle seus pensamentos (use o método AMULET, no capítulo 5).

Passo 1: cuide da saúde e da forma física

Siga os conselhos do capítulo 7 (sobre saúde e bem-estar). Se seu corpo estiver mal nutrido ou fora de forma, você não conseguirá administrar bem o estresse. Com um pouco de esforço e disciplina, vai conseguir uma base sólida de bem-estar e terá a capacidade de viver a vida que desejar.

Certifique-se de que está dormindo o suficiente. Quando isso acontece, você acorda revigorado, tem energia durante todo o dia para fazer o que precisa, dorme tranqüilo e acorda naturalmente antes que o alarme soe de manhã. Dormir demais, por outro lado, causa letargia. Descubra, por si mesmo, o que é melhor para você.

Passo 2: crie uma rede de apoio

Todos nós precisamos de um amigo em quem confiar. Se seus amigos atuais não cabem nessa descrição, tente conhecer outras pessoas. Muitas vezes é útil ter amigos que partilhem seus valores e se ajustem a seu modo de pensar atual – e esses amigos podem ser novos. Velhos amigos são ótimos para nos fazer lembrar quem somos fora de nossos papéis profissionais e sociais: eles nos amam por aquilo que somos, e não pelo que fazemos.

Se estiver com dificuldades no trabalho, uma conversa com velhos amigos pode lhe dar uma base e um conforto para o futuro. Encontre tempo para visitar um velho amigo.

Se você mudou de emprego ou de bairro, lembre-se de que qualquer pessoa em um novo ambiente passa por uma fase de ajuste. Resista à tentação de evitar os outros, principalmente se for solteiro e morar sozinho. Em vez disso, pratique suas habilidades sociais fazendo um esforço diário para se relacionar com as pessoas. Mostre-se positivo, entusiasta, atencioso e bem-disposto. Procure pontos em comum. Amplie suas oportunidades saindo de casa, fique aberto a novas experiências.

Passo 3: reveja as prioridades de sua agenda

Pense em suas vontades e em suas necessidades reais. Isso significa considerar seu propósito de vida e o reflexo que ele tem na forma como você gasta seu tempo. Há sugestões bastante básicas de administração do tempo que funcionam para a maioria das pessoas.

Escreva seu objetivo anual e, posteriormente, desdobre-o em objetivos mensais e estabeleça etapas. Pense na maneira de alcançar esses objetivos em bases semanais e diárias. Anote todos os dias suas tarefas e os objetivos correspondentes e lembre-se da pessoa que você quer ser: o estilo que deseja ter, a atitude que deseja adotar.

Seja claro em suas intenções e seus objetivos. Depois, pense na tarefa mais importante para atingir sua meta e na mais urgente. Reveja todas as tarefas e verifique quanto tempo levará para realizar cada uma delas. Será possível assim chegar à conclusão, por exemplo, de que todas as tarefas que pretende realizar em determinado dia exigirão quarenta horas de trabalho, ou seja, ficará evidente que você está sendo otimista demais.

Pegue sete folhas de papel e escreva, na parte superior esquerda e direita de cada uma, "manhã" e "tarde". Anote todas as tarefas do dia e o tempo que levou para fazê-las. Se quiser uma análise mais detalhada, use intervalos de quinze minutos. A utilização de cores para codificar as tarefas realizadas facilita a observação do uso de seu tempo, o que pode ser muito elucidativo. Isso dá trabalho, mas o primeiro passo para fazer escolhas com sabedoria é ter informações objetivas, e não suposições. Esforçando-se agora, os benefícios virão mais tarde.

Não desista de sua meta se ela for importante para você. Continue praticando, empenhe-se, priorize. Como disse Pitágoras:

Escolha sempre o caminho que parece melhor, por mais difícil que seja. O hábito o tornará mais fácil e agradável.

Use a imaginação e ensaie antes de um grande evento, faça um filme mental. Pense até na situação mais improvável que poderia ocorrer e prepare-se para lidar com o inesperado. Essa é uma técnica usada por esportistas de elite, por exemplo, que aprendem bons hábitos de desempenho não só pela repetição física como também pela visualização mental dessas performances. A visualização pode pôr você em contato com o futuro, com o modo como se sentirá ao atingir seus objetivos, dando-lhe motivação e autoconfiança para continuar.

Se suas metas conflitam com aquilo que os outros esperam de você, reúna bastante coragem para conversar com eles. Explique suas necessidades e seus desejos e ouça os argumentos deles. Pensem juntos numa forma de seguir adiante. Se não falar sobre isso, surgirão mal-entendidos, ressentimentos e culpas, e isso será muito estressante.

Passo 4: tenha tempo para si mesmo

Encontre tempo para ouvir seus pensamentos e clarear a mente enquanto medita ou faz uma caminhada. Na próxima vez que tiver de tomar uma decisão, dê um longo passeio e, assim que voltar, escreva seus pensamentos. Isso ajuda a esclarecê-los e também evita esquecê-los.

Os métodos de relaxamento têm como fundamento o fato de que é impossível estar relaxado e tenso ao mesmo tempo. Assim, force-se a entrar em estado de relaxamento se necessário. A técnica de respiração profunda – inspirar e expirar intensa e vagarosamente – em geral funciona.

O relaxamento muscular também tem bons resultados. Contraia deliberada e conscientemente todo o corpo e depois relaxe. Comece devagar, de baixo para cima: contraia primeiro os pés e os tornozelos e relaxe. Depois as pernas, os joelhos e vá subindo: coxas, nádegas, barriga, vértebras, ombros, pescoço, face, língua. Contraia os músculos por alguns segundos e depois relaxe-os.

Faça alguma coisa simples e agradável que não exija esforço mental, como deitar-se ao sol, agasalhar-se bem para dar uma volta num dia frio, sentar-se na varanda para ver o pôr-do-sol, afagar um gato ou deitar-se numa rede. Qualquer tipo de passatempo relaxante, como jardinagem, culinária, pintura ou costura, também é ótimo.

Tire uma soneca. Para um descanso reconfortante, basta uma sesta de cinco a vinte minutos. Mais que isso pode ser até necessário, mas talvez atrapalhe o sono da noite e deixe você meio desorientado quando acordar. Distrair a mente do problema que o aborrece não o resolverá milagrosamente, mas permitirá diminuir os efeitos físicos do estresse, ajudando-o a lidar melhor com suas causas.

Pequenos intervalos, como dar uma volta no ambiente de trabalho, ouvir música, bater um papo com alguém ou sair para respirar ar fresco, são formas simples e prazerosas de aliviar a pressão e a atenção, melhorando a concentração e aumentando a produtividade.

Passo 5: examine e controle seus pensamentos

Uma forma concreta de perceber como somos afetados pelo estresse é nossa capacidade de desempenho e de exercer influência sobre o ambiente – isso se chama *locus* de controle. Pense nas situações sobre as quais você teve influência. Anote todas, não importa a dimensão.

Procure o lado positivo de cada situação. Transforme o revés em sorte dando um novo sentido às circunstâncias ou vendo seu lado positivo. Se você procurar tirar lições disso, reconquistará seu poder. Ao mudar a forma de ver as coisas, mudará também seus sentimentos.

Lembre-se: você tem o poder de escolher como quer se sentir.

Para entrar em contato com seu lado racional e lógico e pensar criativamente, é preciso primeiro entrar em contato com a auto-estima e a auto-eficiência. É recomendável lembrar todas as vezes que você demonstrou força de vontade, tomou decisões difíceis com desembaraço e exerceu influência sobre a situação.

■ Entre em contato com seu senso de humor

O senso de humor é um poderoso e criativo redutor do estresse. A técnica de recomposição é ótima para entrar em contato com ele, pois se sabe que o riso alivia a tensão. Estudos cuidadosamente controlados mostraram que o riso reduz os níveis de cortisol e aumenta a quantidade de linfócitos T ativados e o número de células T auxiliares ou supressoras. Em suma, rir estimula o sistema imunológico e reduz os efeitos imunossupressores do estresse.

As emoções e os estados de espírito que experimentamos afetam diretamente nosso sistema imunológico. Sendo assim, a inteligência emocional e a capacidade de exercer controle sobre nossos humores são essenciais para a manutenção da saúde. O senso de humor nos permite perceber e apreciar as contradições da vida e nos proporciona momentos de alegria e prazer.

■ Tenha esperança na boa sorte

Mostre confiança e fé. Tiramos mais proveito das coisas se tivermos foco. Verifique então quais de seus focos atuais têm tido e quais deles não têm tido utilidade.

- O que faria sua vida melhorar logo?
- De quem você precisa para se abrir ou a quem pode recorrer?
- Visualize agora o que está melhorando em sua vida com riqueza de detalhes.
- Confie em si mesmo.

Resista à tentação de apressar-se. Tenha calma agora e escreva em detalhes sobre as coisas boas que você espera acontecer.

■ Avalie e siga em frente

Faça uma avaliação das pessoas que o cercam e verifique se são íntegras, capazes e motivadas. Em caso positivo, confie nelas. Do contrário, trabalhe com elas por algum tempo, dê-lhes uma chance e, se as coisas não melhorarem, encontre uma forma de afastar-se e passar para um novo estágio.

Uma boa maneira de avaliar seus pensamentos é questionar a objetividade deles. Suas metas e expectativas são realistas? Você espera muito de si mesmo? O que está tentando provar, do que precisa?

Você reage exageradamente às falhas alheias? Mostrou às pessoas o que esperava delas? Ouviu suas intenções? Elas ao menos sabem que o aborreceram ou desapontaram?

Talvez você se preocupe demais e veja apenas o lado negativo das coisas. Será que está esperando que tudo dê errado só porque, no passado, viveu uma situação de fracasso?

O que está assumindo como verdade? O que acha que os outros estão assumindo como verdade? Tente entender o ponto de vista das pessoas para explicar as diferenças de expectativa.

Se você deseja uma coisa, mas se mostra tímido, o que acha que o atrai nela e o que pensa que lhe proporcionaria? O que teme? Há realmente um medo racional, gerado pela evidência da situação? De que outras informações você necessita?

Para seguir em frente com sucesso, é preciso aprender o perdão, a compaixão, o desapego. Como disse alguém, "o futuro ainda não aconteceu e o passado não vai acontecer de novo". Estar presente aqui e agora é, portanto, uma estratégia e uma atitude inteligente. Planeje e priorize o melhor que puder e tenha paciência consigo mesmo.

■ Aprenda a lidar com o estresse crônico

O estresse crônico pode ser definido como tensão gerada por exigências e pressões inflexíveis aparentemente intermináveis. As pessoas muitas vezes suportam o estresse crônico como conseqüência de uma experiência traumática na infância ou da perda de um ente querido durante as primeiras fases da vida. Tais experiências podem afetar profundamente o indivíduo e levá-lo a erguer defesas e adotar regras rígidas de vida que buscam proteger seus sentimentos.

Aprendendo-se a reconquistar e a manter uma atitude otimista, entretanto, é possível evitar a depressão e, de fato, melhorar a saúde física e mental. Reaprendendo a ser otimista, a cuidar de si mesmo e a quebrar o padrão negativo e limitador, você obterá a cura profunda e a transformação real.

Graças a pesquisas feitas pela Organização Mundial de Saúde e pelo Instituto do Trabalho, sabemos que até 50% dos trabalhadores já se sentiram infelizes no emprego uma vez na vida. Um estudo psiquiátrico mostrou que 75% dos colapsos nervosos podem ser atribuídos a estresse causado pelo trabalho. Aproximadamente um terço dos casamentos realizados na Grã-Bretanha termina em divórcio, um dos acontecimentos mais estressantes da vida. Uma pesquisa britânica recente sobre equilíbrio entre vida e trabalho estimou que três em cada dez trabalhadores já tiveram algum problema de saúde mental, principalmente como resultado da ansiedade. Nos países desenvolvidos, já existem leis que permitem aos empregados optar pela diminuição da jornada de trabalho para cuidar de filhos pequenos ou deficientes, o que é extremamente positivo. Entretanto, a questão do equilíbrio entre vida e trabalho é fundamental para todos os indivíduos: um equilíbrio saudável é vital para todos, não só para quem tem filhos pequenos.

Se você enfrenta muito estresse no trabalho, é comum o fato de levá-lo para casa, prejudicando os relacionamentos pessoais, o que, por sua vez, influencia negativamente seu humor quando volta ao trabalho. Se isso acontece com você, interrompa esse ciclo. Quando tiver um dia horrível no emprego, relaxe rapidamente antes de ir para casa (mesmo que more sozinho e só tenha um gato ou um peixinho para descarregar seus nervos). Inspire e expire profundamente e, se possível, faça uma caminhada rápida para clarear as idéias. Para liberar a tensão, dê simplesmente permissão a si mesmo para relevar e esquecer o sucedido.

Se você se sente demasiadamente estressado, consulte um profissional. Muita gente sofre de ansiedade e depressão crônicas, mas com apoio e estímulo é possível aprender a administrar e aliviar os sintomas. Se consultar um médico, é bem provável que ele receite medicamentos. Uma alternativa mais criativa talvez seja procurar um psicoterapeuta ou um psicólogo clínico.

■ Visualização

Usar a imaginação criativa é um método eficaz de redução do estresse. Como nossa pressão sanguínea varia drasticamente com o pensamento, apele para a imaginação para reduzir a pressão e acalmar o organismo, combinando exercício, visualização e meditação. Primeiro, faça o exercício de respiração e relaxamento muscular apresentado neste mesmo capítulo, no tópico "Tenha tempo para si mesmo", e depois imagine uma cena bucólica – um lago, uma praia, um lindo jardim, o topo de uma montanha. Pode ser um lugar real ou não. Imagine a cena completa, as cores fortes e brilhantes. Ouça os sons: você consegue ouvir a paz, os pássaros, o mar, o vento? Sente o perfume da terra, das flores?

■ Meditação

Meditar é passar algum tempo tranqüilo consigo mesmo, é um processo e um estado de relaxamento, reflexão e contemplação. Durante a meditação, as reações ao estresse se invertem: a pulsação diminui, a pressão cai, a respiração fica mais lenta e os músculos relaxam. A meditação tem efeito calmante e muitas vezes proporciona maior consciência, confiança, tolerância e autocontrole.

A meditação não faz exigências à mente. Algumas vezes, quando não está pressionada por decisões nem problemas diários, a mente se liberta da confusão e se torna criativa. Quando a mente está em paz, o inconsciente costuma levantar questões importantes, permitindo profunda compreensão, *insight*, perspectiva. Há livros, centros e grupos de meditação muito bons. Veja abaixo uma prática simples que pode ser feita diariamente.

Reserve meia hora todos os dias e escolha um lugar em que possa ficar tranqüilo e não seja perturbado: um recanto da casa, seu quarto ou qualquer outro local. Sente-se no chão, em posição relaxada, na tradicional postura de pernas cruzadas, se for confortável para você, ou sente-se em uma cadeira de espaldar reto. A coluna deve ficar ereta e os pés firmes no chão. Feche os olhos ou deixe-os ligeiramente abertos e, se quiser, acenda uma vela para ajudar a se concentrar e aquietar a mente. Permaneça sentado tranqüilamente durante cerca de um minuto, respire com naturalidade, relaxando o corpo e fazendo a mente esquecer todas as pressões internas e externas.

Se começar a pensar, repita muito calma e gentilmente "você está pensando!", depois volte sua atenção para a respiração. Dessa forma, mente e corpo permanecerão unidos por meio da respiração.

No início, você vai perceber que só conseguirá permanecer assim por pouco tempo, mas depois de cerca de um mês de prática esse tempo deverá aumentar. Se imagens, lembranças, fantasias ou projetos vierem a sua mente, deixe-os passar sem se fixar neles. Reaja com calma e volte a concentrar-se na vela, na respiração ou no som das batidas de seu coração. Se um pensamento importante surgir, mais tarde você se lembrará dele. Permaneça relaxado, em atitude mental tranqüila, respeitosa, alerta, aberta, interessada, otimista e tolerante com relação ao que quer que surja.

Quando estiver pronto, saia lentamente do estado meditativo. Abra os olhos, levante-se calmamente e alongue-se. Volte devagar aos pensamentos, mas tente fazer com que esse estado mental de tranqüilidade permaneça por mais alguns momentos e perceba como se sente relaxado e alerta, calmo e revigorado.

Priorize seus objetivos

Capítulo 9

Avance rumo a seus
objetivos

- Reveja sua visão e sua missão
- Faça um confronto com a realidade
- Vivencie seus valores
- Negocie o que deseja

Agora, provavelmente, você já sabe o que é necessário para obter equilíbrio entre vida e trabalho e já se comprometeu a atingir os resultados finais. Este capítulo vai ajudá-lo a ter uma boa idéia desses resultados. Antes de iniciar o programa de dez passos para estabelecer metas, reflita sobre a coisa mais excepcional que fez na última semana, no mês e no ano passado. Em que aspecto você se destacou a ponto de orgulhar-se disso? Comece o programa com um senso positivo de conquista – isso poderá ajudá-lo a avançar na direção de seus objetivos.

■ Programa de dez passos para estabelecer metas

Essas diretrizes serão úteis para fazer um contrato consigo mesmo e manter o compromisso de assegurar a obtenção de benefícios reais com o trabalho feito até agora e também o nível e o tipo de apoio e desafio necessários. Basicamente, você vai transformar suas reflexões e observações em metas.

Exatamente como o fundador da Sony, você fez uma declaração de intenções, e agora é hora de executá-las. Já passou pelo processo de definição de visão e missão e, no caminho, desenvolveu consciência e entendimento reais. Agora passaremos à próxima fase: compromisso e ação.

Passo 1:   o que você quer realmente? Do que precisa de fato?

Escolha aquilo que considera estimulante, excitante e atraente. Antes de começar, releia seus exercícios de visão e missão e escreva o que lhe vier à mente.

Passo 2: priorize as três metas mais importantes

Destaque as três metas mais importantes e anote-as abaixo:

....

....

Passo 3: o que vai conseguir com elas?

Imagine que tenha atingido uma de suas metas e pergunte a si mesmo: "O que essa meta pode dar-me, trazer-me ou fazer por mim?" Repita o processo com as outras duas.

Meta 1

O que ela fará por mim?

....

O que ela me dará?

....

O que ela me trará?

....

Meta 2

O que ela fará por mim?

....

O que ela me dará?

....

O que ela me trará?

....

Meta 3

O que ela fará por mim?

....

O que ela me dará?

....

O que ela me trará?

Passo 4: confronto com a realidade

Reveja suas capacidades e habilidades para ter certeza do que gosta de fazer e assegurar-se de que está capitalizando seus pontos fortes. Verifique se você pode fazer as seguintes afirmações:

◆ Isso coincide com o que sei fazer.
◆ Isso coincide com o que gosto de fazer.

Para fazer isso, preciso ser bom em:

Tenho mesmo essa habilidade? Para preencher esses requisitos, as coisas têm de ser diferentes, e eu vou fazer o seguinte:

Passo 5: validação

Como saber se você atingiu cada uma de suas metas? Seja específico e adote um processo de validação que disponha de informações sensoriais tangíveis, ou seja, quando atingir cada um de seus objetivos, o que você verá, ouvirá, sentirá? Como vai comemorar? Escreva algumas idéias abaixo:

Passo 6: quem receberá os benefícios?

Certifique-se de que o cumprimento de seus objetivos reverterá em seu benefício – sem prejudicar ninguém. Assegure-se de que você detém o controle e não depende de outros para atingi-los. Veja também se não há recompensas ocultas caso *não* atinja um de seus objetivos. Reflita sobre a existência de vantagens caso eventualmente você *não* atinja cada uma das três metas.

◆ Esses objetivos realmente se alinham com sua visão e sua missão (e não com as de outrem?).
◆ Como pode assegurar que está vivendo de acordo com seus valores?

Passo 7: prazo

Pense no tempo necessário para atingir seus objetivos: um mês, seis meses, um ano, três anos? Depois escreva abaixo os principais passos que terá de dar para isso.

Passo 8: obstáculos

O que pode impedi-lo de alcançar seus objetivos?

O que fará para superar esses obstáculos?

Em quem você terá de transformar-se? Que traços de caráter deverá desenvolver?

Passo 9: recursos e restrições

Relacione agora, em cada um dos aspectos abaixo, suas competências e suas limitações. Não economize papel – faça uma lista completa.

◆ Conhecimento
◆ Habilidades

- Educação
- Fundos
- Tempo
- Rede de apoio
- Saúde

Passo 10: visualize o resultado

Reserve agora alguns momentos para imaginar o resultado de tudo isso. Que sensações estão associadas a essa visualização? Imagine os detalhes: sua aparência, seus trajes, seu modo de falar. Como as pessoas em volta reagem a sua presença? Penetre nessa imagem de si mesmo e veja com os olhos dela, ouça com seus ouvidos e sinta como isso é bom. Dessa perspectiva, imagine-se duplamente bem-sucedido, a pessoa que quer ser. Veja-se ao vivo e em cores, perceba todos os detalhes de sua aparência, observe como as pessoas em volta reagem de formas diferentes a sua presença e sinta como é isso. Entre na cena. Aja como se já fosse essa pessoa, faça as escolhas que ela faria, comporte-se como ela, note as reações dos outros e veja como você consegue mais do que quer.

■ Pense nos outros também

É preciso insistir na defesa de suas necessidades de estabelecer equilíbrio entre vida e trabalho – sem jamais esquecer o respeito nem a sensibilidade com relação aos outros. A maioria das pessoas deseja permanecer aberta ao conhecimento e à adaptação. Sendo assim, o desafio para todos, individual e coletivamente, é manter-se flexíveis a novas idéias e usar recursos criativos. Os outros poderão subestimar a importância de sua mudança se você:

a) Esquivar-se de uma situação durante muito tempo (se você, por exemplo, se queixa há anos de quanto seu traba-

lho é estressante, mas não faz nada para melhorar as condições dele).
b) Estiver sempre ausente (você, por exemplo, montou um negócio com um sócio, mas quer passar um ano viajando).
c) Só se dispuser a dizer aos outros o que já sabe há muito tempo.

Se as pessoas demonstrarem espanto com suas decisões, embora para você elas pareçam radicais, mas dentro das possibilidades, é provável que:
a) Você já esteja mudado e afastado de sua vida antiga há muito tempo.
b) Já planeja mudar o equilíbrio entre sua vida e seu trabalho há bastante tempo, mas os outros ainda não perceberam isso.
c) Você já esteja pronto para envolver outras pessoas em seus planos.

Procure ver as situações de ângulos diferentes. Quando aprender a desafiar e testar seus padrões de referência tanto no trabalho quanto em casa, obterá resultados muito positivos: vai abandonar o jeito antigo de executar as coisas, ganhar energia com a redefinição de regras e fazer progressos reais em direção ao equilíbrio para o qual tanto trabalhou.

▪ Na hora certa

Escolha cuidadosamente o momento certo de fazer as coisas. Marque um encontro, se necessário, em território neutro. Certifique-se de que aqueles com quem precisa falar não estejam muito cansados, estressados nem emotivos – nem você.

Ligue-se emocionalmente a eles, ajuste seu estado mental com a capacidade deles de recebê-lo. Lembre-se de que os outros precisam de tempo para compreender seu raciocínio, e pode ser preciso renegociar milhares de vezes.

Se ainda não se sente pronto para tomar uma decisão, não o faça. Saiba que algumas decisões envolvem um pouco de fé. Quando arrumou seu primeiro emprego, você não conhecia a empresa, seu chefe nem seus colegas de trabalho, mas confiou. Pense em seu melhor relacionamento: você não conhecia os desejos, os sonhos nem o estilo da pessoa, mas teve fé. Se não estiver pronto, não se pressione, espere até ter certeza de que sua decisão será a melhor possível. Aceite a probabilidade de não estar inteiramente pronto, do contrário poderá perder os estágios sucessivos que fazem parte do processo completo de negociação.

■ Negociação 1: sua posição irredutível

Planeje suas necessidades e seus desejos em termos claros, específicos e dentro de prazos realistas. Em seguida determine a posição irredutível que vai adotar, ou seja, o ponto a partir do qual não admitirá negociação. Seja claro e firme com relação a isso. Escreva seu plano abaixo.

■ Negociação 2: as necessidades alheias

Reflita sobre os desejos e as necessidades das pessoas que fazem parte de sua vida. Você sabe quais são os valores, os sonhos, as necessidades e as limitações delas? Como fará para descobrir as questões importantes para elas? Pode perguntar diretamente ou a quem as conhece melhor. Teste suas idéias naqueles que conhecem bem essas pessoas. Tente entender os envolvidos – seus sonhos, seus valores e suas prioridades – para assegurar-se de que os benefícios mútuos que enxerga sejam tão visíveis para eles quanto são para você.

Depois pense nos argumentos potenciais, nos pontos de vista diferentes dessas pessoas e na força de suas convicções e de seus sentimentos.

■ Negociação 3: revisão

Revise sua posição e seus argumentos. Teste sua flexibilidade e sua capacidade de comprometimento. Essa negociação deve ser uma via de mão dupla. Se você for teimoso e dominador, poderá enfrentar resistência agora ou rebelião mais tarde. Pense nas concessões que faria. Alinhe explicitamente sua posição às necessidades, às perspectivas e aos valores alheios.

■ Negociação 4: a apresentação do pacote

Pense na maneira como vai demonstrar que sua proposta terá benefícios mútuos. Planeje a apresentação de suas idéias, pense exatamente no que vai dizer. Conte histórias, faça analogias, crie metáforas para ilustrar melhor seus argumentos. Não confie somente na lógica, você verá mais resultados se apelar tanto para o coração quanto para a mente.

Pense em cinco metáforas que descrevam seu problema de equilíbrio entre vida e trabalho. Pense numa analogia entre essa questão e alguma coisa familiar a todos os envolvidos. Pergunte a si mesmo que *insights* ou soluções potenciais a analogia sugere.

Procure demonstrar os bons julgamentos que fez no passado, a maneira acertada como pôs em prática uma decisão tomada em conjunto, seu empenho em trabalhar no melhor interesse de todos, assim como sua integridade e confiabilidade.

Torne explícita sua credibilidade tanto para seu sócio quanto para alguém que não o conheça tão bem. Visualize todos os passos dessa apresentação, suas roupas, sua voz, a reação alheia. Veja-se em sua melhor imagem, alinhado com seus valores, e sinta como isso é bom.

■ Seja assertivo

Ser assertivo é tomar conhecimento da situação e de sua reação a ela e manifestar suas vontades e expectativas sem diminuir nem agredir o outro. O comportamento assertivo demonstra um fino equilíbrio porque o excesso de firmeza no tom ou na conduta pode parecer arrogância, aspereza ou prepotência e, muitas vezes, agressividade. Nesse caso, a agressão é quase sempre respondida com nova agressão, aberta ou velada. Assim, se a outra pessoa reagir com agressividade velada – e de forma sutil –, a aparência será de calma aceitação dos planos do interlocutor, mas na verdade esses planos serão ignorados.

Para ser assertivo, você deve permanecer calmo. Isso significa estar bem consigo mesmo, respeitar-se e ao mesmo tempo respeitar os outros.

Ao negociar algumas mudanças, é possível que alguns se sintam ameaçados, diminuídos, desrespeitados ou até fiquem zangados. Se você, porém, se não fizer isso, poderá acabar frustrado e irritado. A menos que seja expressa de maneira assertiva, a raiva pode tomar formas patológicas ou doentias, transformar-se em negatividade, ciúme, hostilidade ou em atitudes cínicas. As pessoas que sempre diminuem os outros, criticando tudo e fazendo comentários sarcásticos, em geral não sabem expressar sua raiva construtivamente.

Encontrar o nível ideal de firmeza é muito útil para conseguir apoio em seu projeto de equilíbrio entre vida e trabalho. Uma das regras-chave do treinamento das pessoas que buscam tornar-se assertivas é o uso do pronome "eu" em lugar de "você". Em vez de dizer coisas como "você me deixou louco quando fez aquilo, você deveria...", diga "quando você faz X, eu sinto Y. Gostaria que você fizesse Z e então eu faria B". Diga qual é o problema e ofereça a solução ou peça ajuda para chegar a uma solução que seja boa para todas as partes envolvidas.

■ Solução de problemas

Se houver frustrações nas negociações de seu plano de equilíbrio entre vida e trabalho com uma pessoa importante em seu cotidiano, talvez sejam úteis os seguintes conselhos:

Lide com a raiva

Se nessa negociação você enfrentar uma reação agressiva, lembre-se de que as pessoas ficam com raiva quando se sentem insultadas ou criticadas. É natural ficar na defensiva quando se é criticado, mas, em vez de responder, pense na intenção delas. Muitas vezes, o outro apenas reage porque se sente preterido, desvalorizado ou injustiçado.

Se alguém não se comportar bem porque se sente desvalorizado, será preciso coragem e maturidade de sua parte para mostrar-se paciente e compreensivo. A recompensa, porém, será enorme em termos de equilíbrio.

Use o bom humor

O bom humor é uma excelente maneira de sair de uma situação difícil – desde que rir dos problemas não seja sua reação habitual. Numa fração de segundo, um trocadilho ou uma piada pode dar uma perspectiva diferente, algumas vezes até meio maluca, atuando de forma a romper a tensão do ambiente.

Se alguém conseguir irritá-lo, pare de ser agressivo com ele e imagine-o com uma cara inchada, orelhas de abano, um traseiro enorme e um andar desajeitado.

Dê uma caminhada

Como já mencionamos, um bom passeio paga dividendos enormes.

A permanência no mesmo local onde você ficou irritado e furioso, sentindo o peso dos desafios e das responsabilidades, é uma verdadeira armadilha. Sair, mudar de ambiente ou praticar uma atividade física pode ser muito benéfico. Isso lhe dará tempo de pensar em outra forma de apresentar sugestões e abordar seu projeto.

Mude de tática

Se algo que você fez ou disse gerou uma reação negativa, mude de tática. Seja criativo, ache outra abordagem.

Procurem alternativas em conjunto

Trabalhe com os outros para achar uma maneira de atingir seu objetivo. Ao perceber que chegou a um impasse e não está sendo compreendido, tente este exercício: cada um escreve seus comentários em duas colunas e depois as notas são comparadas. Você verá como é esclarecedor quando todos lêem o que escreveram.

- Coluna 1: O que estou pensando (mas não dizendo)?
- Coluna 2: O que está sendo dito?

É importante demonstrar e receber respeito. Às vezes ficamos tão absortos em nossa vida que não compreendemos nem consideramos as necessidades nem os desejos alheios. Esta série de perguntas o ajudará a observar a si mesmo e ao outro com novos olhos e assim ultrapassar uma barreira.

- Estou dando tempo e atenção de boa qualidade?
- Estou recebendo tempo e atenção de boa qualidade?
- Minhas ambições e necessidades estão sendo tratadas seriamente?
- Trato seriamente as necessidades dos outros?
- Fico atento ao que dizem?
- Ficam atentos ao que digo?
- Dou atenção total e escuto de verdade?
- Eles são corteses?
- Como poderia ser mais cortês?
- Eles chegam a conclusões apressadas? E eu?
- Estão tentando me diminuir? Estou sendo sarcástico?
- Estão empurrando suas tarefas para mim?
- Sou muito controlador?
- Eles mantiveram seus compromissos?
- Cumpri minhas promessas?
- Ajudo-os a compreender as coisas de meu ponto de vista?
- Como posso demonstrar interesse em seu bem-estar?
- Isso é recíproco?
- Consigo imaginar-me no lugar de um deles, sendo um deles?
- Devo demonstrar a eles que entendo e me importo?
- Consigo corresponder com exatidão a seus pensamentos e sentimentos?
- Quantas vezes eles entendem minhas intenções e meus sentimentos?

- O comportamento deles é coerente com o que dizem? E o meu?
- Eles fingem? E eu?
- Eles se abrem comigo?
- Estou sendo totalmente honesto?
- Eles estão preparados para pedir desculpas ou admitir sua ignorância? E eu?
- Eles mantêm a palavra? E eu?
- Seus argumentos têm sentido? E os meus?

■ Mantenha o estado de espírito correto

Para levar uma vida equilibrada e plena, é importante cultivar a habilidade de controlar o estado de espírito. A condição mental influencia seu comportamento e determina as reações alheias. Suas atitudes serão mais flexíveis se puder controlar a mente – e isso, por sua vez, influenciará os outros. Se você se mostrar rígido e formal, ou ansioso e hesitante, isso bloqueará sua energia, sua confiança e impedirá uma boa tomada de decisões. As emoções positivas – como a sensação de amparo, de dar apoio e a esperança num futuro melhor – geram estados mentais que favorecem a criatividade, a energia, a auto-estima e a capacidade de tomar decisões.

1. Pense firmemente em permanecer em um estado de espírito favorável, talvez de compreensão ou apoio. Para conseguir isso, lembre-se de alguma situação semelhante que teve um final feliz. Volte para esse tempo e reviva a cena. Veja tudo bem colorido e com clareza, ouça os sons e lembre-se dos sentimentos positivos associados à situação.

Agora visualize a si mesmo em atitude plenamente compreensiva (ou qualquer outra coisa que prefira). Como em um filme, veja-se nesse papel. Em que posição está, como fala, respira, responde? O que veste? Como se sente? Entre na cena. Como estará agora nessa conversa? Não precisa planejar nada de antemão, você pode se surpreender tomando parte num diálogo animado que se desenrola momento a momento. "Diálogo" é uma conversa com o centro, e não com os lados. Procure o centro.

2. Explique sua meta e os pontos em comum: podem ser objetivos ou valores semelhantes. Em vez de apresentar sua proposta com veemência logo de início e tentar impô-la, use um pouco de delicadeza, sensibilidade e espere um acordo. Vá preparado, sabendo o que quer, com a mente aberta. A conversa pode desviar-se, porém continue a vincular suas perguntas a metas e valores comuns.

3. Ouça para entender, e não para reagir. Respeite o ponto de vista alheio e procure entendê-lo. Mostre interesse, faça perguntas. Peça para que as outras pessoas exponham seus planos e suas intenções. Se forem diferentes dos seus, comente isso tão calmamente quanto possível.

A linguagem corporal é significativa, mas saiba que nem sempre corresponde à verdade e em geral é mais complexa. Algumas coisas são comuns: ao mentir, por exemplo, as pessoas mexem nas coisas, balançam os pés ou coçam o nariz. Trata-se, na verdade, de uma reação fisiológica: quando mentimos, o sangue corre para as extremidades. As mudanças de postura ou expressão podem ser um indício, particularmente quando, no calor da discussão, estamos concentrados no pensamento ou na emoção e não temos consciência da linguagem corporal. Se alguém está sentado e voltado para o interlocutor em uma postura aberta, por exemplo, e de repente cruza as pernas, os braços e recosta, isso pode significar que não está gostando do que ouve.

Manter um diálogo real é purificador, alivia o peso dos pensamentos não ditos e libera a tensão. Assim, ponha as cartas na mesa, isso é bom para que as coisas sejam vistas sob uma luz diferente, estimula o aparecimento de *insights*. Comprometa-se a repensar numa terceira alternativa: a solução a que ninguém chegou sozinho e é o melhor resultado de uma comunicação ativa e engajada.

Você saberá que está **motivado** quando acordar com **energia**

Capítulo 10

Equilíbrio, realização e **mudança**

- Decida qual a melhor opção para você
- Trabalho autônomo
- Crie seu ambiente de trabalho ideal
- No rumo do equilíbrio

O trabalho sem vínculo empregatício tornou-se uma alternativa no mundo moderno e pode ser uma opção que oferece o controle necessário para alcançar o equilíbrio ideal entre vida e profissão. A atividade independente engloba consultoria, negócio próprio, trabalho em regime de freelance ou ainda funções temporárias e diversificadas.

Tornar-se profissional independente significa deixar um sistema social estabelecido e uma organização. Em outras palavras, você não mais terá suporte administrativo de secretaria nem consultoria técnica. Talvez consiga compartilhar alguns desses recursos, talvez prefira desenvolvê-los você mesmo, o que seria ótimo, pois isso desenvolve flexibilidade e inúmeras competências.

■ Contatos e conexões do trabalhador independente

Para ser um profissional independente, é importante manter boa visibilidade e conexões já firmadas, assim como estabelecer novos contatos. Isso o ajudará a encontrar energia e prazer no convívio social com colegas e associados e também a cultivar um bom marketing pessoal. Aqui estão sugestões para reforçar seus contatos.

- ◆ Uma das melhores coisas a fazer se quiser mais trabalho de consultoria ou como freelancer é mostrar compromisso com a empresa ou o negócio. Torne-se visível, ofereça determinados serviços sem remuneração por trás dos bastidores, como lidar com o time administrativo. Ponha seus serviços à disposição onde quer que haja necessidade. Todos se lembrarão de você por isso.
- ◆ Depois de cada trabalho ou projeto, agradeça por escrito ou por telefone. Isso é sempre apreciado.

- Esforce-se e aceite todos os convites que receber para festas, comemorações, inaugurações, eventos promocionais, comunitários ou de trabalho voluntário.
- Dê alguma coisa para variar – você oferece seu trabalho e eles lhe pagam em troca. Mas transforme o negócio em sociedade: mande um artigo que escreveu, um relatório sobre uma conferência da qual participou, a crítica de um livro, o perfil de um negócio que os atrai ou uma pesquisa feita por você sobre um tema que sabe ser do interesse deles.
- Pergunte o que querem de você e como pode ser mais útil. Sugira, por exemplo, escrever um relatório de andamento de projeto, um resumo do curso que você dá, um relatório completo sobre uma reunião de que participou ou idéias e oportunidades que eles podem explorar com ou sem você.

O trabalho independente tem muitas vantagens para o equilíbrio entre a vida e o trabalho, mas também é irregular. É bom que você tenha alta tolerância à insegurança e à incerteza e esteja disposto a ser flexível. Nem sempre tudo são rosas, e haverá ocasiões em que ficará preocupado por não ter nenhum trabalho ou por ter trabalho demais.

Você precisará de muita motivação, de habilidade para fazer novos conhecimentos e da capacidade de causar boa impressão imediata. Deve ter habilidades organizacionais e de comunicação, além de disciplina e concentração no desempenho de uma tarefa. Você saberá se está motivado quando acordar com energia. É bom também gostar de trabalhar sozinho, muitas vezes por longos períodos.

Um amigo me confidenciou recentemente que zombava de seu chefe de vendas, que teve redução de rendimentos por não vender nada. Mas agora, trabalhando sozinho, ele não tem conseguido muito: não há ninguém para estabelecer suas metas nem indicá-las no quadro de vendas. Sem o chefe, embora ele seja uma pessoa diligente, trabalhadora, um bom consultor independente, meu amigo não se motiva, não tem planos e percebeu que, em conseqüência disso, aprendeu a contentar-se com pouco.

■ Desaceleração produtiva

A desaceleração – ou *downshifting* –, a adoção de um modo de vida e trabalho mais agradável, porém menos bem pago, com menos exigências, com mais tempo livre, mais recreação e outros interesses, vem se tornando uma opção atraente para muitos habitantes da cidade que sonham com a vida no campo. Se você tiver como cobrir suas despesas mínimas e o bastante para atender a eventuais contingências, a opção por um estilo de vida mais equilibrado na distribuição do tempo, em ambiente mais agradável e menos estressante, pode ser um projeto atraente. Em alguns casos, é um chamado para o novo, em outros, a fuga de um modo de vida insatisfatório.

O *downshifting* é uma forma plausível e agradável de satisfazer todas as necessidades positivas da vida, minimizando-se gastos e inconveniências. Como qualquer mudança, deve ser feito por bons motivos, como passar mais tempo com a família, reduzir o estresse, participar mais de outras atividades. Decidir o que fazer é a parte mais agradável, prazerosa e útil do processo, mas, antes disso, deve-se esboçar, priorizar e manter um quadro financeiro realista. A desaceleração pode envolver arranjos de trabalho tais como contratos de prazo fixo, serviços de tempo parcial, parcerias, contratação temporária ou uma total mudança de profissão.

Estabelecer um novo estilo de vida equilibrado é adotar novos valores. Procure sinais de estresse na família e satisfaça pequenas necessidades assim que surgirem – mesmo que para isso precise arranjar um emprego de meio período. O *downshifting* dará certo se você prestar atenção aos detalhes, achando formas novas e criativas de fazer as coisas e cultivando uma boa dose de disciplina. Se esse novo modo de vida afetar os outros, será preciso perguntar e ouvir suas reivindicações: do que sentem falta, do que precisam e como estão reagindo às mudanças.

Se você planeja trabalhar em casa, a autodisciplina é indispensável. Algumas pessoas acham que esse tipo de atividade é divertimento e muitas vezes acabam regando o jardim ou limpando as janelas em vez de trabalhar. Outros acham difícil concentrar-se e, enquanto a família fica na sala para ver um filme, estão enviando *e-mails*. Todas essas rotas alternativas de trabalho exigem planejamento e coragem – tanto de sua parte quanto de sua família.

■ Negociação de contratos flexíveis de trabalho

Muitas empresas estão conscientes dos benefícios trazidos pelo fato de manter seus funcionários talentosos e para isso permitem que eles trabalhem de modo a atender a outras responsabilidades ou simplesmente para preservar sua saúde. Na Grã-Bretanha, por exemplo, desde 2002 a lei dá aos pais de filhos menores de 6 anos ou deficientes abaixo de 18 anos o direito de adotar horários flexíveis de trabalho. Essa solicitação sempre partiu das mulheres, mas hoje em dia pessoas de ambos os sexos têm assumido múltiplos papéis e dessa forma querem dispor de mais opções de trabalho.

Há várias formas de estabelecer horários flexíveis de trabalho: período integral, meio período, número mensal ou anual de horas trabalhadas ou parceria. É possível também reduzir as horas de trabalho ou tirar uma licença para tentar mudar de profissão. Um provável obstáculo, entretanto, pode ser a resistência do empregador. É preciso ter em mente que os empregadores, os chefes e os colegas talvez não gostem da idéia. As argumentações são em geral as seguintes:

- Isso vai demandar mais planejamento e mudança de horários.
- Os clientes não poderão entrar em contato com você quando precisarem.
- A comunicação será prejudicada.

Seus colegas podem ficar com inveja de sua coragem e de seu tempo livre e seus chefes talvez duvidem de seu compromisso com o departamento julgando que você vai negligenciar suas tarefas. Podem, inclusive, deixar de inscrevê-lo em cursos e treinamentos.

Tente responder a todas as dúvidas satisfatoriamente, fazendo com que todos se sintam seguros a seu respeito. Tenha em mente, entretanto, que a última opção é do empregador: a flexibilidade não pode ser imposta por lei. A empresa talvez argumente que manter um funcionário em regime flexível tem grandes implicações na produtividade: pode, por exemplo, oferecer uma semana de quatro dias e 20% de redução salarial em vez dos quatro dias de trabalho com maior carga horária que você pretendia. Assim, prepare-se para um processo demorado até chegar a um resultado satisfatório. Arme-se de informações: na Grã Bretanha, por exemplo, o Instituto de Estudos sobre o Emprego constatou que empresas de pequeno e médio porte reduziram custos ao adotar horários flexíveis, já que os funcionários faltam menos por motivo de doença quando dispõem de equilíbrio melhor entre vida e trabalho.

Demissão e desemprego criativos

Algumas empresas oferecem programas de demissão voluntária, o que pode tanto ser uma oportunidade quanto um problema. Na maioria das vezes, a demissão envolve não só a perda do emprego ou da carreira como também a preocupação e a ansiedade. Se você foi demitido, deve estar passando por uma série de emoções: choque, raiva, abalo de autoconfiança e a sensação de ter sido traído. Mesmo que tenha recebido mais do que a lei estabelece, haverá a preocupação de não conseguir pagar as contas nem manter o padrão de vida mínimo da família – nem de encontrar novo trabalho, à altura de suas competências e de seus talentos, que lhe permita manter seu lugar na sociedade.

Uma vaga de emprego pode ser extinta se:

- Os empregadores fecharem o negócio ou a unidade.
- Uma fábrica ou um escritório se extinguir.
- O negócio precisar de menos empregados para determinado serviço.

Os critérios usados para demitir são baseados em:

- Níveis de desempenho.
- Tempo de serviço.
- Problemas disciplinares ou absenteísmo.
- Competências ou qualificações.

Veja se você se enquadra nesses parâmetros. Após o choque inicial, uma das coisas mais práticas a fazer será examinar sua realidade financeira.

Primeiros passos para administrar suas finanças

Se você optou pela desaceleração, por trabalho de meio período, programa de demissão voluntária ou está desempregado, provavelmente precisa administrar suas finanças de outra maneira.

Passo 1: relacione seus valores

- Todos os bens que você possui
- Poupanças
- Saldos de contas correntes
- Valores que tem em casa
- Investimentos
- Dividendos a receber
- Outras fontes de renda

Passo 2: relacione suas despesas e contas

Baseado em seus extratos bancários, relacione todas as contas a pagar, tais como:
- Dívidas de longo prazo: pagamento da casa própria, hipotecas, empréstimos
- Dívidas de curto prazo: cartões de crédito, consórcios, financiamento de automóvel, *leasing*
- Mensalidades escolares
- Manutenção do automóvel: seguros, combustível, impostos
- Seguros: saúde, vida, casa, previdência privada
- Despesas com restaurantes
- Férias: planejadas e mínimas
- Manutenção: consertos, decoração, reformas
- Despesas com vestuário

- Despesas com lazer: livros, discos, cinema, teatro, museus, TV a cabo
- Presentes
- Despesas de moradia: impostos, gás, eletricidade, água, telefone, condomínio
- *Hobbies* e passatempos
- Despesas com animais de estimação
- Despesas médicas e odontológicas
- Despesas com associações profissionais, sindicatos ou licenças de trabalho autônomo

Passo 3: economize

Calcule o custo total dessas contas durante um ano e procure maneiras de economizar. Corte tudo o que não for essencial. Reduza dívidas, compre mais barato ou com menos freqüência. Isso lhe dará confiança para conduzir sua campanha para um novo emprego ou manter a determinação de encontrar equilíbrio na relação entre vida e trabalho, libertando-se de uma das maiores fontes de estresse – o desemprego.

Priorize seus gastos em categorias como "necessidades", "desejos", "vontades" e "caprichos" e mantenha flexibilidade para mudar essas prioridades à medida que o tempo passa.

Mude todos os pequenos hábitos de gastos que se permitiu durante os últimos anos. Agora você precisa ser mais criativo e aprender a dar valor a seu dinheiro, uma lição que será importante para o futuro. Se suas despesas forem separadas das de seu parceiro, seja claro com relação às responsabilidades específicas de ambos. Você está a par das últimas regras do Imposto de Renda? Tem usado as deduções corretas? Tem economias caso precise pagar mais impostos? Seu testamento está atualizado? Organizou seus negócios de forma a diminuir o imposto sobre heranças ou sobre ganhos de capital? Tem um consultor financeiro?

Passo 4: entenda por que você tem essas despesas

Faça duas colunas em uma folha de papel. Na coluna da esquerda, escreva o que ainda precisa ser pago e, na da direita, escreva o motivo. Reflita sobre a utilidade e o benefício de cada despesa.

Faça um plano para reduzir todos os gastos ao mínimo sem, contudo, deixar de satisfazer suas necessidades tanto quanto possível. As duas metades da equação, despesas e receitas, devem equilibrar-se para atender também a novas necessidades.

Liquidar dívidas de qualquer natureza é um bom ponto de partida e um hábito necessário para controlar seu orçamento no futuro. Se você precisa pagar a hipoteca da casa, uma alternativa pode ser a venda e a mudança, que devem levar em consideração custo, espaço, conveniência, segurança e conforto. A escolha da época e do local certo para mudar afeta despesas futuras, portanto deve ser uma decisão criteriosa. Ao comprar uma casa nova, calcule na ponta do lápis todas os gastos com reforma e decoração para fazer frente às despesas normais de manutenção.

As outras contas importantes são as de transporte e, particularmente, as do automóvel. As despesas com financiamento e desvalorização representam 80% dos gastos anuais se o carro for trocado a intervalos de três anos. Essas despesas podem ser reduzidas se você optar por meios de transporte alternativos.

Eis algumas sugestões para incentivar sua criatividade:

Moradia: compre uma casa ou um apartamento menor, mude-se para o centro da cidade ou para um bairro mais barato. Outra opção, embora menos comum, é subalugar um cômodo vago.

Transporte: carona, caminhada, bicicleta. Faça um curso de manutenção de automóveis, venda o carro e alugue um quando precisar.

Alimentação: coma menos fora, compre marcas próprias dos supermercados, mais baratas, procure ofertas, compre diretamente dos produtores, no atacado, cultive uma horta.

Férias e feriados: há muita coisa interessante na internet: excursões, albergues, pousadas, *camping*. Além disso, aproveite as tarifas aéreas promocionais e viaje em grupo para dividir as despesas.

Planos de aposentadoria: verifique o valor e os rendimentos, que devem cobrir suas despesas.

Investimentos: os rendimentos são suficientes para cobrir despesas de longo prazo? Oferecem vantagens fiscais?

Vestuário: procure lojas mais baratas, pontas de estoque, brechós. Costure.

Diversão: divirta-se em casa, cozinhe, cultive um jardim.

Educação: aulas noturnas nas escolas locais, cursos dados por bibliotecas públicas, pela internet, aulas de artesanato.

Serviços públicos: não abuse dos eletrodomésticos que consomem muita eletricidade, adote lâmpadas frias e fique de olho na conta telefônica.

Use o desemprego em seu favor

O fato de ter tempo para si mesmo permite que você avalie sua vida e entre em harmonia com sua família e seus amigos. Se for usado com sabedoria, esse tempo vai estimular sua criatividade. Faça bom uso dele cultivando habilidades novas ou pouco utilizadas. Você descobrirá que, no final desse processo, terá um propósito, identidade mais sólida e uma perspectiva de vida centrada e sustentável.

Talvez não haja pressão imediata para encontrar um novo meio de ganhar a vida. No começo, você talvez queira comemorar, mas chegará o momento de pensar no futuro. Eis algumas sugestões para conservar o otimismo:

- Coma alimentos saudáveis.
- Pratique exercícios diariamente.
- Leia livros inspiradores.
- Programe suas férias.
- Conviva com os amigos – velhos e novos.

Cultivar novas atividades e adquirir novas habilidades pode ser bom. Dê mais atenção para:

- negociação, comunicação;
- comercialização, empréstimos;
- aluguel;
- compras e coleções;
- organização e arrumação da casa;
- planejamento financeiro;
- artesanato e técnicas de venda;
- pesquisa e planejamento;
- doações e promoções;
- rede de contatos.

Use o desemprego como oportunidade para reconsiderar sua carreira: descubra o que mais pode fazer com seus interesses, sua vocação, sua energia e suas habilidades. Aprenda mais sobre finanças, administração, pesquisa, desenvolvimento pessoal, comunicação, apresentação e marketing. Descubra uma perspectiva completamente diferente de si mesmo, de seus valores e da vida.

Nesse contexto, é possível manter o controle de sua vida e fazer os melhores ajustes possíveis. É uma forma de capacitação e responsabilidade que não deve ser subestimada e um importante estágio de seu projeto de equilíbrio entre vida e trabalho no longo prazo.

■ Crie o ambiente de trabalho ideal

Para que sua nova vida seja diferente e cheia de desafios, você precisa desenvolver outras habilidades. Certifique-se de que as mudanças a fazer sejam bem pensadas e dê passos cautelosos. No final, terá como resultado uma vida mais simples, feliz e livre de tensões. Além de administrar bem esse estágio, você deve demonstrar que sabe lidar com a pressão, o caos, a incerteza.

Use técnicas de alívio de estresse para manter-se calmo e flexível e opte por aquilo que lhe dá energia positiva. Seja honesto com sua família e seu cônjuge sobre o que acontece. Não precisa compartilhar todas as preocupações, mas deve dar a eles a oportunidade de ajudá-lo e apoiá-lo.

Se você trabalhar em casa, planeje seu dia e torne seu ambiente de trabalho o mais confortável possível. Considere-o como qualquer outro emprego: seu expediente pode começar às 8 da manhã e terminar às 6 da tarde. Se esse for seu padrão de trabalho preferido, mantenha-o, embora haja agora uma flexibilidade a aproveitar. Tenha à mão tudo de que necessita para fazer um trabalho eficiente.

Seu local de trabalho deve ser o mais inspirador e agradável possível: embeleze o ambiente, escolha móveis confortáveis, exiba fotos e quadros alegres e ouça música relaxante se isso o ajudar a concentrar-se. Durante o dia, reserve um momento para tomar ar fresco, fazer exercício e contatos sociais, especialmente se morar sozinho. Evite a tentação de ficar grudado à tarefa durante o dia inteiro, faça alguma coisa que o revitalize e procure o convívio das pessoas.

■ Procure um conselheiro

O trabalho independente requer que você se torne responsável pelo desenvolvimento de sua carreira. Para ajudá-lo, procure um conselheiro, alguém experiente disposto a partilhar seu conhecimento num contexto de mútua confiança. O papel dele será treinar e aconselhar você, assim como facilitar e ampliar sua rede de contatos. Esse conselheiro deve ser alguém que você respeite e valorize em razão da experiência, do estilo e do conhecimento. Deve ser alguém com quem possa conversar facilmente, que o escute e oriente. Deve, sobretudo, ser honesto, franco e estar preparado para lhe dar um *feedback* construtivo.

■ Mantenha-se informado e cultive suas conexões

A freqüência a eventos de associações de classe e conferências não só o mantém atualizado como também torna seu nome conhecido no meio profissional.

Invista no reconhecimento e no respeito a seu nome como membro ativo de uma organização profissional: isso indica que você está interessado no contínuo desenvolvimento de sua atividade. Se precisar de ajuda, será mais fácil encontrá-la.

Colete informações em reuniões, *workshops*, comitês. Descubra jornais, revistas e outros periódicos de sua área de trabalho e leia-os regularmente.

Faça apresentações, escreva relatórios, publique artigos, elabore pesquisas. Coloque-se em evidência, conheça seu valor de mercado, domine o próprio mercado, as questões atuais, as abordagens alternativas, enfim, expanda sua rede de contatos.

■ Faça trabalho voluntário

Muitas associações abrem oportunidades de fazer alguma coisa pela comunidade. Às vezes essa atividade é recompensada com um convite para um trabalho remunerado, o que pode atrair mais oportunidades. Em geral, porém, a recompensa é a sensação de ter contribuído com o bem comum. Essas atividades "do bem" são fundamentais para nos lembrar a importância da solidariedade.

Faça um trabalho voluntário. Quase sempre é possível descobrir uma oportunidade nova de negócio mesmo em bases voluntárias ou dar início a um produto ou serviço. Pesquise nos jornais e participe de associações para descobrir as opções existentes em sua área, bem como oportunidades de trabalho voluntário no país e no exterior – em instituições de caridade e organizações não-governamentais como o Unicef, entre outras.

■ Pense em reciclar-se

Se essa for uma opção, descubra as possibilidades existentes em sua área. Cursos de curta duração em geral variam de um dia a uma semana e podem reunir de uma dúzia de pessoas a um anfiteatro lotado. Esses cursos são quase sempre dirigidos e têm por objetivo modificar um aspecto específico da prática profissional (habilidades de apresentação, por exemplo).

Há inúmeras empresas de treinamento, e sua qualidade pode variar drasticamente. Procure a ajuda dos departamentos de recursos humanos que visitar, peça aos colegas uma recomendação ou consulte sua associação de classe. Lembre-se:

- Peça para conversar com participantes de cursos anteriores.
- Verifique o número de participantes.

- Procure saber quais são os objetivos do curso e quem são os instrutores.
- Descubra como é feita a avaliação.

Se você procura níveis mais elevados de qualificação profissional, informe-se sobre a duração do curso, sua flexibilidade, pesquise sua reputação e peça para conversar com participantes atuais e antigos. Se você for mulher e estiver de volta ao mercado de trabalho, fale bastante sobre suas competências. A maioria das mulheres precisa de ajuda para perceber que as habilidades necessárias à administração do lar – relações interpessoais, comunicação, planejamento, negociação – podem ser transferidas para o ambiente de trabalho.

A importância da rede de contatos

A ferramenta de apresentação mais eficaz é a referência pessoal. A rede de contatos, ou *network*, como ficou conhecida, é fundamental em todos os estágios do desenvolvimento de carreira e de muita utilidade na negociação do equilíbrio entre vida e trabalho. O *network* é seu acesso pessoal a muitos contatos específicos – e não só no contexto empresarial, passado e presente. Quanto maior a abrangência, melhor. É uma fonte de informação e consultoria, uma forma de aprender outros papéis, outras funções e culturas e de ser útil aos amigos e às demais pessoas.

Os princípios de uma boa rede de contatos são: desenvolver uma estratégia para administrá-la, lembrar-se de agradecer e manter os contatos informados, preparar-se para as reuniões, solicitar *feedback*, respeitar o caráter confidencial, assegurar que as entrevistas sejam sinceras e honestas, manter contato regular, fazer registros e participar de conferências, mostras, eventos sociais e tudo o que estimular a diversidade.

Para preparar-se para uma reunião, experimente as seguintes sugestões:

- Pense no objetivo da reunião (negociar um horário flexível de trabalho, por exemplo).
- Quais são suas prioridades?
- Como você vai começar? Como vai angariar simpatia?
- O que precisa preparar ou descobrir?
- O que quer conseguir? O que está preparado para aceitar?
- Evite rodeios, irrelevâncias, silêncios, negativas, exageros.
- Tenha como meta a flexibilidade de comunicação, a clareza. Ouça, questione, entenda, observe a linguagem não verbal e remova obstáculos.
- Registre o que foi dito e verifique se entendeu.

■ No rumo do equilíbrio

Se você se decidir por uma nova maneira de trabalhar, haverá diversas opções. A escolha ideal depende de suas necessidades. Para tornar mais fácil essa tarefa, reveja suas prioridades, considerando as questões abaixo:

- Mais tempo no início ou fim do dia.
- Um dia livre por semana.
- Férias que coincidam com as férias escolares.
- Renda mais baixa.
- Mudanças nos direitos trabalhistas, na aposentadoria ou nas férias.
- *Status* profissional e oportunidades de promoção.
- Satisfação profissional.
- Tempo para cursos de treinamento.

Adote ou adapte as seguintes diretrizes para preparar-se para entrevistas, reuniões e avaliações de que participará com um empregador, um possível empregador, um instrutor ou gerente de banco em virtude da adoção desse novo modo de trabalhar.

Preparação

Pesquise a política da empresa com relação ao trabalho autônomo. Resuma sua carreira, não espere que seus dados sejam conhecidos nem lembrados. Tenha um currículo para apresentar se for necessário.

Os entrevistadores

Eles conhecem seu trabalho e suas competências? Os relacionamentos anteriores foram levados em consideração?

Conhecimento sobre você

O que as avaliações de desempenho mais recentes revelaram sobre você? Que habilidades e competências foram evidenciadas (ou não)? Que aspectos negativos necessitam de explicação?

Sua proposta de jornada de trabalho autônomo

Por que está fazendo essa proposta? O que ela significa para seu empregador? Como as mudanças afetarão o ambiente e os colegas de trabalho? Haverá despesas ou economia? Haverá alteração do quadro de funcionários?

A decisão

Se lhe oferecerem menos do que espera, você poderá negociar? Poderá recusar? Há alguém com quem possa conversar francamente? Mantenha um diálogo construtivo com seu empregador. Ouça. Procure esclarecer: não discuta nem se defenda. Responda com fatos em vez de opiniões. Concentre-se no futuro: objetivos, apoio, recursos. Assegure-se de ter entendido as conseqüências.

Em resumo:

- Relaxe.
- Seja conciso.
- Seja objetivo.
- Seja confiante.

■ Seu novo *status*

Se você conseguiu tornar flexível seu horário de trabalho, seu empregador pode desejar assegurar-se de seu comprometimento com o emprego. Se optar pelo trabalho autônomo, terá clientes em vez de empregadores para satisfazer. Pense nas seguintes perguntas com relação a metas e motivação.

- Que metas você estabeleceu para si próprio:
  a) no curto prazo?
  b) no longo prazo?
- Você alterou suas práticas de trabalho ou as de seus subordinados ultimamente? Pode dar um exemplo?
- Se você tem trabalhado durante um número menor de horas, como pode assegurar-se de que as pequenas coisas ainda estão sendo feitas e verificadas?
- O que significa qualidade de trabalho para você?
- Teve *feedback* sobre a qualidade de seu trabalho?
- Como pode garantir o bom atendimento a todas as expectativas de seu empregador ou cliente? Dê um ou dois exemplos.

Suas respostas mostram que você:
a) garante a exatidão dos fatos?
b) cria sistemas para assegurar a manutenção do fluxo de informações?
c) presta atenção aos detalhes?
d) verifica e revisa seu trabalho?

■ Trabalho autônomo

Talvez você precise convencer seu empregador de que pretende continuar a:

- Perceber as oportunidades e agir.
- Trabalhar sem necessidade de supervisão constante.
- Sugerir melhorias.
- Antecipar oportunidades ou problemas.
- Fazer mais do que seu cargo exige.
- Superar obstáculos e atingir os objetivos finais.
- Envolver os outros em seus esforços extraordinários.
- Persistir, e não desistir, diante dos problemas.

Você continuaria a:

- Esforçar-se para manter uma boa rede de contatos?
- Adaptar seu comportamento às necessidades alheias?
- Antecipar o efeito de seu comportamento sobre os outros?
- Ser maleável para conseguir dos outros o resultado desejado?
- Ser politicamente consciente?
- Esforçar-se para administrar os interesses dos acionistas?
- Manter bem clara a visão geral das coisas?
- Fazer concessões realistas que equilibrem os pontos de vista?
- Ter tempo para desenvolver as habilidades dos outros?

- Estimular a auto-estima alheia?
- Fazer uma avaliação honesta (do comportamento, e não da pessoa)?
- Dar feedback na hora certa (e não de modo repentino ou após o prazo)?
- Ficar atento às oportunidades de desenvolvimento para você e seus colegas?
- Doar boa parte de seu tempo?
- Partilhar informações prontamente?
- Fazer com que os outros acreditem em seu potencial?
- Treinar as pessoas para atingir metas?
- Acreditar em decisão de consenso ou em metas comuns?
- Gostar de dividir o sucesso?
- Promover um clima de amizade no grupo?
- Lutar por soluções do tipo ganha-ganha?
- Dar poder aos outros?
- Solicitar idéias e opiniões alheias?

Se você executa trabalho autônomo para clientes e está propondo redução da carga horária, deve demonstrar que continuará a atender suas expectativas. Pense em dois exemplos.

Há outras questões a considerar. O que você fez por seu desenvolvimento pessoal no último ano? Se houve grandes mudanças na organização, como o afetaram? Como se vê trabalhando daqui a um ano? E daqui a cinco anos? Se você tiver vínculos com uma empresa, como considera o futuro de sua função? Consegue ver o quadro geral e pensar estrategicamente, verificando como os atos passados, presentes e futuros se interligam?

Se você trabalha para uma empresa em regime de menor carga horária, precisa mostrar que pretende continuar a ser proativo mesmo que passe menos tempo no trabalho. A busca de equilíbrio entre vida e trabalho deve identificar-se com seus desejos mais profundos de desenvolvimento e crescimento, portanto estude com disciplina e esforço, aprenda com as experiências, adapte-se a um ambiente mutável, aborde os problemas de um ponto de vista construtivo e conduza uma auto-análise inteligente e justa.

Você:

- Tem uma atitude positiva com relação à mudança?
- Antecipa as mudanças para melhorar o desempenho?
- Estabelece e segue objetivos claros de desenvolvimento?
- Aborda os problemas de um ponto de vista construtivo?
- Nunca procura culpar os outros?
- Tem uma visão sistêmica dos problemas (ou seja, entende como as partes se inter-relacionam e se afetam)?

Você:

- Tem uma visão?
- Faz questão de que seu comportamento incorpore os valores dessa missão?
- Divulga sua missão?
- Lida com as pessoas de forma honesta e imparcial?
- Encoraja o comportamento profissional?
- Responsabiliza-se pela motivação de seu grupo?
- Demonstra liderança em tempos difíceis?

■ Mantenha os padrões profissionais

É preciso pensar continuamente em desenvolvimento profissional.

Você:

- Procuraria manter-se atualizado em sua área?
- Procuraria desenvolver-se?
- Planejaria sua participação em reuniões e projetos?
- Integraria o trabalho dos profissionais de seu grupo?
- Procuraria assegurar-se de que seus conhecimentos administrativos e de informática continuassem importantes em seu trabalho?
- Entenderia e conquistaria as necessárias competências comerciais de sua área?
- Planejaria reuniões? O que espera conseguir com elas?
- Prepararia suas contribuições? (Nas reuniões, por exemplo, saberia o que se espera de você, de suas funções, de sua influência, de seu grupo?)
- Elaboraria um programa de trabalho com normas que também considerassem e administrassem os aspectos humanos de seu pessoal?
- Estabeleceria e negociaria metas, controles, fluxo de informações, administração?
- Saberia que competências comerciais são necessárias – e as aplicaria?
- Manteria atualizadas suas habilidades técnicas e profissionais?

Ao trabalhar essas questões, você revisará uma ampla gama de questões e ampliará sua compreensão da forma de abordá-las em sua nova função. Isso o ajudará a ser mais eficaz na negociação de seu plano e em sua implementação quando conseguir o novo *status*.

Depois de ter entrado em contato consigo mesmo e com seu desejo de mudança, faça um cotejo de suas intenções com a realidade: converse com as pessoas que o conhecem bem para comprovar suas condições de sucesso antes de dar início à execução de seus planos.

Crie um **futuro** desejável para você

Capítulo 11
Motivação
e tomada de decisões

- Seis fatores básicos de motivação
- Marketing pessoal
- Forças favoráveis e contrárias

Anos de pesquisas sociológicas identificaram seis fatores humanos básicos que devem estar presentes nas pessoas para que elas fiquem motivadas e se tornem, portanto, eficientes. Cada um vivencia esses fatores à sua maneira. Em relação ao equilíbrio entre vida e trabalho, a motivação é essencial para atingir uma perspectiva realista e flexível com relação aos planos futuros.

Fator 1: liberdade para tomar decisões

Os indivíduos precisam sentir-se donos do próprio nariz e, exceto em circunstâncias excepcionais, ter liberdade para tomar decisões que possam chamar de suas. Por outro lado, o excesso de liberdade pode deixá-los desorientados.

Fator 2: oportunidade de aprender no trabalho e continuar aprendendo

O aprendizado é uma necessidade humana básica. Mesmo durante os momentos de lazer, as pessoas procuram melhorar constantemente. Mas aprender só é possível quando os indivíduos são capazes de:
a) Estabelecer metas para si mesmos que sejam desafios razoáveis.
b) Receber *feedback* e resultados em tempo de corrigir seu comportamento.

Fator 3: variedade

As pessoas precisam de trabalho variado para evitar os extremos do fastio e da fadiga. Necessitam estabelecer um ritmo satisfatório que proporcione variedade suficiente e desafios razoáveis.

Fator 4: apoio e respeito mútuo

Os indivíduos têm necessidade da ajuda e do respeito dos colegas. Devem evitar situações de conflito, nas quais um ganha e outro perde.

Fator 5: importância

As pessoas precisam ser capazes de suportar bem o trabalho que fazem, e aquilo que produzem deve ser socialmente útil. O senso de importância deve abranger tanto o valor quanto a qualidade do produto e o conhecimento do todo. Falta importância a diversos tipos de emprego porque os trabalhadores são uma parte tão pequena do produto final que esse senso lhes é negado. Em conjunto, essas dimensões possibilitam à pessoa a visão da ligação concreta entre seu trabalho diário e sua vida social mais ampla.

Fator 6: um futuro desejável

Esse futuro desejável tem como prioridade a conquista de equilíbrio entre vida e trabalho. Não significa necessariamente uma promoção, e sim uma carreira que proporcione crescimento pessoal e desenvolvimento das competências, além de redução do estresse e mais tempo livre.

Qual é sua pontuação?

Faça este teste de equilíbrio entre vida e trabalho – a situação ideal e sua situação atual. Nos primeiros três fatores, os pontos vão de -5 (muito pouco) a +5 (muito), sendo 0 o ideal. Nos últimos três, os pontos vão de 0 (nem um pouco) a 10 (demais).

Fator	Pontos
1 Liberdade para tomada de decisões	
2 Oportunidade para aprender no emprego e continuar aprendendo	
3 Variedade	
4 Apoio e respeito mútuo	
5 Importância	
6 Um futuro desejável	

■ **Marketing pessoal**

Haverá inúmeras ocasiões em que você terá de falar de si mesmo e causar no ouvinte uma impressão duradoura, exata e positiva. Para se apresentar pelo melhor ângulo, concentre-se no seguinte:

- O que você faz que o destaca dos outros?
- O que sabe fazer bem?
- Como gosta de fazer as coisas?
- Qual é sua contribuição?

O objetivo é falar de forma abrangente, mas concisa, em curto espaço de tempo, permitindo ao interlocutor saber não só o que você faz mas como faz – em suma, o que traz ao negócio, treinamento ou grupo. Ensaie um discurso de um minuto que explique sucintamente suas qualificações e cause impressão positiva no interlocutor. Para isso, você vai precisar de um gravador.

1   Resuma seu crescimento como pessoa.
2   Resuma suas competências mais importantes.
3   Resuma suas maiores conquistas.
4   Resuma seus valores fundamentais.
5   Escreva um parágrafo que agregue os aspectos mencionados acima.
6   Agora leia – e grave – o parágrafo em voz alta (não há outra maneira de fazer esse exercício).
7   Ouça a gravação e observe o conteúdo, o ritmo, a escolha das palavras, o tom. Ela representa sua contribuição? Passa a idéia de quem você é?
8   Edite o discurso para certificar-se de que conseguiu o equilíbrio correto. Ensaie de novo no microfone. Elabore-o e enxugue-o de forma a não exceder um minuto.
9   Leia o discurso para um amigo ou colega de confiança – pessoalmente ou pelo telefone.
10 Use o discurso. Teste-o com pessoas que lhe darão apoio. Pratique-o quando for apresentado a alguém em festas, no pátio da escola, em reuniões e note a reação das pessoas. Isso lhe dará confiança quando falar em reuniões importantes.

■ Seu marketing pessoal é eficaz?

Você tem orgulho de suas conquistas e procura formas de mostrá-las às pessoas? Pede avaliações de desempenho a colegas, chefes, supervisores? Usa essas avaliações para melhorar? Mantém contato com profissionais de sua área para saber seu valor no mercado e antecipar tendências? Seu currículo está atualizado, bem organizado, é conciso e cuidadoso? Reflete as conquistas mensuráveis de sua carreira? Avalie sua forma de se promover e procure melhorá-la.

■ Tome decisões

Se atualmente você enfrenta uma situação difícil, experimente algumas ferramentas de tomada de decisão que poderão ajudá-lo a ter certeza de que está fazendo a opção correta. O desafio de todos nós é manter o pensamento flexível, aberto a idéias novas e instigantes. Precisamos evitar a armadilha de acreditar que nossa visão é a única que tem valor.

À medida que você aprender a desafiar e a testar seus pontos de vista, fará mudanças positivas e drásticas em sua vida e na vida de seus familiares. Quando der início a essa prática, você abandonará modos antigos e inadequados de fazer as coisas, enxergará mais longe e terá muita energia e confiança.

■ Aceite e dê nome ao problema

Se você precisa tomar uma decisão que aprimore o equilíbrio entre sua vida e seu trabalho, mas sente que ainda há problemas, o exercício abaixo pode ajudá-lo. Anote tudo o que julga ser um problema e seus efeitos. Seguem-se alguns exemplos:

Problema	Efeito
Trabalho das 7 da manhã até meia-noite	Cansaço
Finanças pessoais não muito boas	Época ruim para reduzir a carga horária

Você pode usar os sentidos (audição, visão, tato, olfato e paladar) para ter algumas idéias sobre o problema e uma possível solução?

- Que sensação o problema provoca?
- Qual é seu cheiro?
- Qual é sua aparência?
- Que som produz?
- Qual é seu gosto?

Suposições instigantes

As suposições estão subjacentes a qualquer decisão que tomamos. Assim, é sempre bom questioná-las. Eis aqui uma maneira simples de fazê-lo.

Veja este problema: o gerente de duas lojas lucrativas decidiu abrir mais quatro. Era recém-casado e tinha um bebê de 8 meses. As primeiras duas lojas abriram no prazo e geravam a receita esperada. A esposa do gerente ficou grávida de novo. A terceira loja não abriu no prazo. A quarta estava bastante atrasada. A receita total das lojas caiu. O gerente aliviava o estresse jogando golfe nos fins de semana e futebol nas noites de sexta-feira.

Relacione agora todas as suas suposições sobre o problema.

Inverta essas suposições. Sua tarefa não é achar "a solução" do problema, e sim reconhecer as limitações das soluções a que se pode chegar quando confrontadas com suas suposições.

Aplique agora suas suposições a um problema seu.

Primeiro dê um nome a ele. Depois pergunte:

- O que me impediu de resolver isso antes?
- Por que isso se tornou um problema?

- Como permiti que essa situação se desenvolvesse?
- Como a reforcei ou estimulei?
- Existe algum aspecto positivo em tudo isso para que a situação se prolongasse até agora?
- O que deveria acontecer para que o problema deixasse de ser um problema?
- Existe outra forma de analisar esse problema?

Pense em algum vulto histórico que você admira, em um líder que respeita, em seu avô ou sua avó, em um professor que você prezava muito. Como eles abordariam o problema?

Agora reformule o problema em termos de "eu preciso...".

Examine o desfecho desejado da questão, que deve ser motivador. Caso contrário, refaça-o.

■ Crie alternativas – *brainstorming*

Para fazer isso, o melhor é convidar alguém de sua confiança para treinar com você, embora seja possível trabalhar sozinho.

Relacione cinco *insights* e crie soluções possíveis para eles. Não julgue, não discuta nem critique nenhuma das sugestões. Todas as idéias, por mais absurdas que pareçam, são bem-vindas e devem ser registradas fielmente. O número de idéias é o objetivo principal, e elas podem ser combinadas e refinadas mais tarde.

■ Faça sua opção: análise dos prós e contras

Use esse método para tomar uma decisão sobre seu projeto de equilíbrio entre vida e trabalho. Ele funciona indicando as forças favoráveis e as forças contrárias a determinado plano de ação e é útil para planejar ou reduzir o impacto das forças de oposição e ampliar as forças de apoio.

Pegue lápis e papel. Primeiramente, seja claro com relação a seu plano de ação. Anote-o no alto da página. Depois crie duas colunas. Para fazer essa análise:

- Em uma coluna relacione as forças favoráveis à mudança e na outra as forças contrárias.
- Atribua pontos de 1 (fraco) a 5 (forte).
- Desenhe um diagrama das forças favoráveis e contrárias e de sua dimensão.

Uma vez feito isso, decida-se sobre a viabilidade de seu plano de ação. Abaixo estão duas opções:

- Reduzir o poder das forças contrárias ao projeto.
- Aumentar as forças favoráveis ao projeto.

Isso o ajudará a pesar a importância desses fatores e a ponderar se vale a pena implementar o plano. Se você decidir prosseguir com o plano, essa análise também o ajudará a identificar as mudanças necessárias para aperfeiçoá-lo.

Se, por exemplo, tiver dúvida com relação ao trabalho de meio período, a análise poderá ser assim:

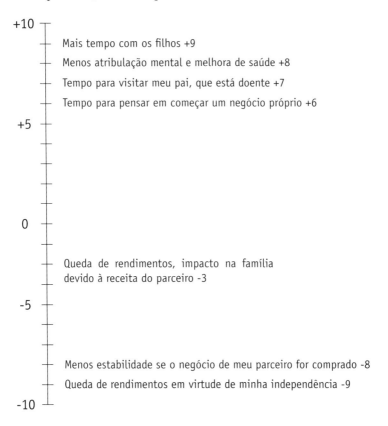

Use este quadro em branco para registrar os benefícios e as desvantagens de seu projeto.

O **equilíbrio** funciona!

Capítulo 12
Encontre a realização

- Faça as perguntas certas
- Dê e compartilhe
- Cultive a flexibilidade e a competência
- Adapte-se à mudança

A realização de um sonho parece estar a anos-luz – mesmo que se saiba o que é e como chegar lá. Em última instância, estar realizado é estar conectado. É dar a máxima atenção e comprometer-se plenamente com o que é importante para você. Para atingir o equilíbrio ideal entre vida e trabalho, o processo de transformação pessoal é tão importante quanto a consciência do lugar onde se deseja estar e dos motivos disso. Seja paciente consigo mesmo e com os outros enquanto trabalha em busca de equilíbrio entre vida e trabalho e lembre-se de que eles também fazem parte da jornada.

As histórias apresentadas a seguir relatam depoimentos de quem encontrou o equilíbrio e servem para inspirá-lo. Elas demonstram que é possível chegar lá e incorporar seus valores principais a seu projeto.

A história de Simon

Simon, um bem-sucedido consultor de informática, trabalhava demais. Seus rendimentos cresciam a cada ano. Mantinha clientes antigos e atraía novos devido a seu entusiasmo, suas idéias e sua autoconfiança. Tinha três filhos, que só via nos sábados porque durante a semana saía de casa cedo e raramente voltava antes que eles fossem dormir. Nos sábados, entretanto, fazia questão de ficar com eles em atividades produtivas, como levá-los de carro a aulas de futebol, tênis, piano e recuperação de matemática.

Na superfície, tudo parecia bem. Sua vida e a de sua família, porém, eram totalmente orientadas pela conquista. Tudo girava em torno do que conseguiam, ganhavam, quase ganhavam, ganhariam, possuíam ou tinham. Todo ano, Simon escrevia objetivos para si mesmo e sua família e fazia lembretes para todos diariamente. Planejar o futuro era uma questão de criar uma visão, planejar e batalhar, além de descobrir novas oportunidades. Sua vida era totalmente orientada pelos objetivos.

Nos últimos tempos, ele exagerou. Comprou uma casa caríssima porque era seu sonho, ficou endividado e incapaz de cumprir as obrigações financeiras. De repente, teve de reconsiderar seu modo de vida. As dívidas tornaram-se um problema tão grande, afetando sua mulher, seus filhos e ele próprio, que se viu forçado a tomar medidas realistas para resolver o assunto.

Ao tentar planejar uma solução para sua família, Simon olhou para dentro de si mesmo e reconheceu que tinha vivido de acordo com um conjunto de valores nos quais, no fundo, não acreditava. Percebeu que as coisas tinham de ser diferentes. Vendeu a casa e mudou-se para outra, menor e mais conveniente, onde sua mulher e seus filhos estavam mais felizes. Por não ter mais de trabalhar tanto para pagar as prestações daquela casa cara, conseguia passar mais tempo com a família. Dessa forma, transformou o problema em uma oportunidade de conquistar o equilíbrio ideal entre vida e trabalho – para ele e sua família.

A história de Charles

Charles é funcionário de um banco de investimentos e até há pouco tempo passava doze horas por dia em um ambiente de trabalho delirante. Conseguiu renegociar sua carga horária e assim tira um dia de folga por semana para ver os amigos ou visitar uma galeria de arte. Ele acredita que esse arranjo o tornou mais criativo e lhe permite trabalhar melhor e com mais energia. Tem consciência de que é uma jogada corajosa de sua parte em um campo de trabalho tão competitivo. Assim, toma cuidado para que sua carreira não fique estagnada, o que poderia prejudicar suas chances de promoção. Se isso acontecer, precisará reconsiderar sua decisão, mas no momento está tudo bem.

A história de Natalie

Natalie tem um negócio de sucesso. Adora seu trabalho, que é dinâmico, instigante e desafiador. Tem um grande círculo de amigos e passa bastante tempo com seus três filhos. Ela pode pagar um time de empregados, faxineiros e assistentes. Seu marido, Nick, que trabalha com ações, é um companheiro gentil e amoroso, mas, como vive absorvido pela própria carreira, não passa muito tempo junto da esposa.

Natalie acha que equilibra seu trabalho com seu papel de mãe e se sente satisfeita com isso. Ela sai com os amigos e visita os pais duas vezes por mês. Entretanto, seu casamento está prejudicado porque, nos últimos vinte anos, ela e Nick pouco a pouco foram perdendo contato enquanto dirigiam toda a sua energia ao desenvolvimento das respectivas carreiras.

Na superfície, parece que se trata de uma família feliz, sem brigas, sem hostilidades nem mágoas. No entanto, Natalie e Nick raramente passam algum tempo juntos e agora querem coisas diferentes da vida. Recentemente, Natalie convenceu Nick a enfrentar o fato de que ambos passaram a maior parte da vida de casados sem falar sobre o que era realmente importante para eles. Como há muito em jogo, estão trabalhando para salvar seu casamento.

Com o tempo, como em qualquer parceria, é preciso saber se o companheiro ainda é o ideal, aquele que apóia e encoraja. Ambos têm de dar e receber. Exatamente como muitos outros casais que lutam para manter uma família e revitalizar um casamento, Natalie e Nick estão em transição, e essa situação surgiu basicamente devido à falta de equilíbrio entre vida e trabalho durante tanto tempo.

A história de Eve

Eve era secretária de uma pequena empresa. Como era eficiente, alegre e confiável, seu chefe ofereceu-lhe uma promoção. Eve recusou porque sua vida girava em torno do marido e dos filhos. O chefe aceitou suas prioridades, mas manteve a oferta e sugeriu um curso de programação de computadores que poderia ser feito *on-line*, em casa, à noite. Se conseguisse completar o curso, Eve ganharia aumento de salário e um trabalho mais interessante.

Durante algum tempo, ela perguntou a si mesma se aceitaria a proposta ou não porque já era trabalho demais sair do escritório às 3 da tarde para pegar as crianças, cuidar delas e preparar o jantar. Levou sete semanas para aceitar a proposta. Não tinha percebido quanto isso seria decisivo para sua segurança futura. Naquele mês, uma mulher bateu à sua porta declarando ser a amante de seu marido. O mundo de Eve caiu. Tentou resolver as coisas com ele, mas depois de um ano se separaram. De repente e de modo totalmente inesperado, ela virou mãe solteira, ao passo que ele, em sua visão, se tornara um homem solteiro. O marido ficou com a outra, mal via os filhos e não pagava a pensão deles a menos que fosse obrigado.

De repente, Eve teve de tornar-se o ganha-pão da família. Durante algum tempo, ficou aterrorizada, irada, imaginando se poderia agüentar tamanho encargo, mas conseguiu e refez seu lar e sua família. Os filhos foram poupados durante a transição graças à sua habilidade de se comunicar com eles e de estimular sua confiança e à capacidade deles de cooperar e ajudá-la.

Os estudos foram abandonados por um ano, quando havia muito a fazer, mas agora as crianças dependem menos de Eve, que tem mais tempo à disposição. Ela está no estágio final de seu treinamento e pode esperar um aumento e uma mudança de cargo. Enfrentou o medo e percebeu que era falso, pois conseguiu criar um modo de vida ideal para ela e seus filhos.

A história de Maria

Maria soube que queria trabalhar com matemática desde os 8 anos de idade. Quando estava com 12 anos, soube que queria ser engenheira. Era ambiciosa e entusiasta e revelou-se excelente engenheira, trabalhando para uma das maiores multinacionais do ramo. Teve a oportunidade de se tornar arquiteta e engenheira-chefe de um grande projeto. Era exatamente o projeto importante e complexo com o qual sempre sonhara. Havia um problema, entretanto: teria de viajar para o outro lado do mundo e dera à luz seu terceiro filho havia apenas quatro meses. Esse era um grande dilema. Conversou com o marido e deixou seus filhos nas mãos seguras e amorosas do pai.

A mãe e a sogra de Maria estavam infelizes com o arranjo. Em um domingo disseram na frente das crianças: "Pobrezinhas, sua mãe raramente está aqui". Maria teve de bater o pé. Respondeu: "Não se atrevam a dizer isso a meus filhos. Eles têm pai e mãe. Durante algum tempo, um de nós cuidou deles, mais tarde foi a vez do outro e depois seremos nós dois".

Os filhos de Maria têm orgulho da mãe, e a família cresceu. Ela me disse: "Nunca deixe que os outros sintam pena de seus filhos porque você trabalha. Faça-os lembrar que têm uma mãe de quem se orgulhar, que garante sua segurança financeira e mostra a eles que a vida pode ser plena".

Realização pessoal

É importante reconhecer aqueles que têm expectativas a seu respeito e lembrar que eles são importantes também. Quando você muda, precisa do outro para ajustar suas percepções e expectativas. Muitas vezes, o comprometimento e a concentração necessários para atingir grandes coisas na vida o obrigam a pôr em segundo plano as necessidades da família, os amigos e colegas. Se fizer isso com as pessoas mais próximas, o futuro desse relacionamento dependerá do caráter e do sistema de valores delas. Você poderá, no longo prazo, contar novamente com seu apoio quando precisar?

Os sentimentos de realização pessoal estão sempre ligados ao reconhecimento alheio, à gratidão das pessoas. Doar-se é ter satisfação e contentamento por fazer algo que vale a pena.

Em vez de procurar por aquele ilusório relacionamento perfeito, pela carreira ideal, por aquilo que mudará sua vida para sempre, concentre-se na doação de si mesmo e no compartilhamento de seus valores para se sentir realizado.

Como parte de seu progresso contínuo em direção ao equilíbrio, proponha-se ser gentil, afetuoso, útil, criativo. Ajude, proporcione prazer: esses são os ingredientes que fazem a festa da realização. "Por que estou aqui?" – eis a pergunta certa porque revelará seu objetivo, e não "o que quero da vida?", que, em última instância, é a busca interminável do mais, do maior, do melhor para chegar a uma pretensa satisfação definitiva.

Quando atingir o equilíbrio entre vida e trabalho ideal para você e os seus, será bom lembrar que somente a mudança é constante. Ao concentrar-se no bem-estar e na satisfação, lembre-se de perceber a realidade da transitoriedade, do envelhecimento e da mutabilidade das prioridades. Se você continuar a cultivar a flexibilidade e as competências, será sempre possível encontrar o equilíbrio.

Agradecimentos

Boa parte do que consegui escrever nasceu do apoio e do desafio proporcionados pelas seguintes pessoas, às quais agradeço:

David Tom por sua bondade, apoio e caráter.

Shirley John por estar sempre presente, a meu lado, por seu coração de ouro e seu senso de humor.

Elaine North, minha conselheira, meu braço direito, minha amiga.

Cyndi Robinson por sua alegria, seriedade e graça.

Angela Simmonds, sempre pronta para viver e se doar.

Janet Reibstein por sua empatia, sua beleza e seu humor.

Beechy Colclough por sua verve, sua coragem e seu amor.

Robert Holden por seu alcance, seu trabalho e sua amizade.

Graham Alexander por seu humor sutil e provocativo e sua sabedoria.

Morag Bramley, grande amiga, tão legal e capaz.

Paul McKenna, além das risadas, você salva vidas, meu amigo.

Michael Breen, tão inteligente e talentoso, obrigada por sua fé.

Millie McGough, você é uma das melhores.

Godstowe School por cuidar de nossa menina linda.

Antoni Kurr por sua ajuda quando eu estava perdida, você tem muito a oferecer.

Soo Spector pela ousadia da honestidade, por fazer as coisas direito.

Colletta por sua perspectiva e seu charme natural.

Robert Kirby, querido, por cuidar de mim mais do que do projeto.

Emma Shackleton por sua doce determinação, calma e visão.

E outros, que não vou enumerar aqui, mas estão gravados e enraizados em minha alma.

Vocês estavam lá para tirar minha atenção do trabalho e lembrar-me o que é viver.

Informações adicionais

Há um bocado de informação na internet sobre o equilíbrio entre vida e trabalho e o encontro da realização. Confira os seguintes sites (em inglês):

www.bbc.co.uk/radio4/news/nicework
www.dti.gov.uk/work-lifebalance
www.homeworkinguk.com
www.ivillage.co.uk
www.lifelearninginstitute.com
www.mentalhealth.org.uk
www.occenvmed.com
www.parentlineplus.org.uk
www.positivementalhealth.com
www.redcross.org.org.uk
www.smartework.com
www.teacher-training.net
www.workingbalance.co.uk

Leitura complementar

COVEY, Stephen R. *7 habits of highly effective people*. Simon & Schuster: 1999.
GOLEMAN, Daniel. *Emotional intelligence: why it can matter more than IQ*. Bloomsbiruy: 1996.
ROWE, Dorothy. *The successful self*. Harper Collins: 1989.
WARR, Peter *Psychology at work*. Penguin: 2002.

VEJA OUTRAS PUBLICAÇÕES DA EDITORA GENTE

1. *Casais Inteligentes Enriquecem Juntos – Finanças para casais*
   Gustavo Cerbasi
2. *As Coisas Boas da Vida*
   Anderson Cavalcante
3. *Empregabilidade – Como ter trabalho e remuneração sempre*
   José Augusto Minarelli
4. *Energize-se – Alternativas para melhorar sua qualidade de vida sem radicalismos*
   Virginia Nowicki
5. *Mentes Inquietas – Entendendo melhor o mundo das pessoas distraídas, impulsivas e hiperativas*
   Ana Beatriz B. Silva
6. *Metacompetência – Uma nova visão do trabalho e da realização pessoal*
   Eugenio Mussak
7. *Metanóia – Uma história de tomada de decisão que fará você rever seus conceitos*
   Roberto Adami Tranjan
8. *Ninguém Tropeça em Montanha – Cuide dos detalhes da vida*
   Tadashi Kadomoto
9. *Organize-se – Soluções simples e fáceis para vencer o desafio diário da bagunça*
   Donna Smallin
10. *Pedagogia do Amor – A contribuição das histórias universais para a formação de valores das novas gerações*
    Gabriel Chalita
11. *Quem Ama, Educa!*
    Içami Tiba
12. *O Sucesso É Ser Feliz*
    Roberto Shinyashiki
13. *Virando Gente Grande – Como orientar os jovens em início de carreira*
    Sofia Esteves do Amaral
14. *Você É do Tamanho de seus Sonhos – Estratégias para concretizar projetos pessoais, empresariais e comunitários*
    César Souza
15. *O Vôo do Cisne – A revolução dos diferentes*
    José Luiz Tejon Megido